中国政策科学研究会国家安全政策委员会
ZHONGGUOZHENGCEKEXUEYANJIUHUIGUOJIAANQUANZHENGCEWEIYUANHUI

中国粮食安全

第十二届中国国家安全论坛文集

◆ 主　编　巴忠倓　糜振玉
◆ 副主编　俞　源　彭光谦

赵南起　为保障我国粮食安全发挥正能量
李金华　粮食安全问题是天大的问题
巴忠倓　粮食安全不能受制于人
洪　虎　解决粮食安全是系统工程
丁原洪　从国际形势看我国粮食安全问题

时事出版社

主　　编　巴忠倓　糜振玉
副 主 编　俞　源　彭光谦
编委会委员　（按拼音字母排列）
郭福全　孔令铜　刘东升　乔　良
王湘穗　王宪磊　王彦丰　徐长银
薛崇民　杨毅周　赵天民　朱国林
组　　编　崔晓霞

目　录

习近平总书记论粮食安全

2013 年 5 月 14 日—15 日，习近平总书记在视察天津时强调："一个国家只有立足于粮食自给才能掌握粮食安全的主动权，进而才能掌握经济社会发展的大局。"

2013 年 7 月 21 日下午，习总书记在考察武汉重型机床集团有限公司时指出："自力更生任何时候都不能少，我们自己的饭碗主要要装着自己生产的粮食。"

2013 年 7 月 22 日，习近平总书记在湖北鄂州市鄂城区杜山镇东港村育种基地考察时再次强调："粮食安全要靠自己。"

2013 年 10 月 28 日，习近平总书记在山东农科院召开座谈会时明确表示："手中有粮心中不慌，保证粮食安全对中国来说是永恒的课题，任何时候都不能放松。粮食经验告诉我们，一旦发生大的变化，有钱也没有用，解决十三亿人口的吃饭问题，要坚持立足国内。"

中央经济工作会议提出的国家粮食安全战略

2013 年 12 月 13 日，中央经济工作会议在北京闭幕。会议提出 2014 年经济工作六大任务，把“切实保障国家粮食安全”放在了首要位置，提出“必须实施以我为主、立足国内、确保产能、适度进口、科技支撑的国家粮食安全战略。要依靠自己保口粮，集中国内资源保重点，做到谷物基本自给、口粮绝对安全。坚持数量质量并重，更加注重农产品质量和食品安全，注重生产源头治理和产销全程监管。注重永续发展，转变农业发展方式，发展节水农业、循环农业。抓好粮食安全保障能力建设，加强农业基础设施建设，加快农业科技进步”。

为保障我国粮食安全发挥正能量

（第九届全国政协副主席　上将）赵南起

第十二届国家安全论坛主题是粮食与国家安全，这个题目非常好！昨天刚刚结束的中央经济工作会议把切实保障国家粮食安全作为今年经济工作的头等大事，今天我们举办这个论坛贯彻中央精神，适逢其时。习近平总书记今年多次谈到，中国的粮食安全问题要靠自己，保障粮食安全对中国来说是个永恒的课题，任何时候都不能放松。本届论坛讨论粮食与国家安全问题，要遵循习总书记的重要指示精神，为保障我国粮食安全和维护我国国家安全献计献策，发挥正能量，作出新贡献。

粮食安全问题是天大的问题

（第九届全国政协副主席）李金华

我们这次研讨会的议题非常重要，也非常及时，我预祝这次会议能够取得圆满成功。我谈几点个人想法和感受。

第一，对拥有13亿多人口的中国来说，粮食安全问题是天大的事情，说它多么重要都不过分，我想这个道理应该是人人皆知，不言而喻的。古人讲“民以食为天”，毛泽东同志当年就提过，手中有粮心中不慌，脚踏实地喜气洋洋。最近习近平总书记也提出了手中有粮心中不慌，粮食安全是国家安全第一重要的事情。

第二，粮食安全问题应该立足于国内。习近平总书记最近也提出解决13亿人口的吃饭问题要坚持立足国内。艰苦奋斗自力更生，这是毛泽东同志当年早就提出过的。13亿人，如果出现粮食问题，可以说世界上没有任何国家可以帮助我们解决；中国如果出现了粮食危机，那么世界的安定就会出现大问题，就会出现粮食恐慌；中国粮食如果出了问题，世界粮价可能飞快地上涨。中国和其他小国不一样，所以粮食问题必须完全立足于国内，自力更生。粮食不安全，国家就不可能安全，政权也不可能巩固，其他发展都无从谈起。粮食问题是天大的问题，立足于自己，立足于本国，是我们的一条基本国策。

第三，研究粮食安全问题不能就粮食讲粮食，粮食安全涉及到方方面面。18亿亩的红线在相当一段时间内形成了大家的共识，现在的问题是18亿亩有没有突破，以后会不会突破？这个问题在认识上不完全一致，提供的有些数字资料也不完全一致。更重要的是耕地质量问题，过去国务院有规定，账户平衡，很多地方账户平衡也在做，但是实际上有些东西做的是表面文章，补的一部分实际上是劣质的、无法耕种、不收粮食的。新土地的开发要有一个涵养的过程，有些根本不可能成为耕地。再一个，18亿亩土地中到底有多少优质、高产的粮田？据我了解从全国来看占比还不是太大。这些年，实际上我们耕地的土质、肥力各方面都有所下降。现在东北成片的土地在退化，而且有些土地受到严重污染和沙化。我到一个省里去，省委书记讲这个地方种的粮食人们不敢放心吃，这是实话，核心问题是土地受到污染。所以讲粮食不讲耕地、不讲土地那是空中楼阁，我觉得我们的农田基本建设多年来欠账很多。这个问题如果不解决，粮食发展的潜力是令人担忧的。

与粮食安全密切的是淡水。中国淡水资源本来就贫乏，中国将来主要危机恐怕不是能源问题，我担心是淡水问题。现在全国多少大中城市缺水，大家都很清楚。我们淡水总量占世界比例是比较低的，俄罗斯的贝加尔湖占世界淡水总量的20%，我们现在有多少大的淡水资源能够源源不断？有一些被污染了，有一些枯竭了，这是很让人担忧的问题。三天不吃饭可以，一天不喝水不行，所以淡水资源也是很让人担忧的。我们治理大江大河有很大投入，抗御洪灾方面我们也积累很多的经验，长江、淮河这些年我们控制灾害的能力增强了，但是抗旱的能力仍然是条“短腿”。我们的淡水一方面短缺，一方面水利工程要加强，现在有的地方家家户户有两个水窖，当地老百姓叫第二次土改，一年注满水维持到下一年，因为雨季总要下雨的。我们现在有些地方季节性的干旱、季节性的水灾，如贵州并不缺水，关键是不能蓄水、不能储水，自然降水并不少，但是都白白流掉了。

土地沙化、荒漠化比较严重。2011 年我去黑龙江调查，现在低产田土地面积还是不少的，低产的重要原因是没有水，黑龙江算的账说，国家投入一块钱可以增产一斤粮食没有问题，这还不是当年的，不是持续的。但我们在水利上欠账比较多，所以水利设施不进一步完善，即使有 18 亿亩土地也难确保，希望大家关注我们耕地的淡水问题。南水北调能不能从根本上解决问题？我觉得这方面信心不足，为什么？一是水源能不能充分供给，二是如何保证水源不受污染，这个任务是非常艰巨的。现在沿途能不能保证水质安全，淡水水利问题要引起专家学者们的高度重视。北京这么一个首都城市最大的问题就是缺水，各个国家的首都，不是靠海就是靠江或者大湖，唯有我们这个首都不靠江也不靠海，还没有大的水源。

深入推广优良的品种、科学的耕种方法以及安全有效的化肥和农药。粮食生产要靠科技，现在我们在粮食方面科技投入是远远不足的，对农村最基层的农民科技推广和普及是一个薄弱点。有些科技很好，怎么形成现实生产力？这就存在科技的普及推广问题。我们现在天天讲看病贵、看病难，首先是怎么防病，对全民进行基本医疗知识的普及教育是个大问题。比如说嘴歪了，其实是脑子出了问题，他不懂啊，就在家里坚持着。其实对于脑溢血患者来说吃点川芎很快在四个小时内就会好，可他不懂啊。所以这些知识如何让老百姓掌握，能够知道用什么药物，家家户户配个小药箱，这种知识的传播很重要。现在很多知识还是少数人掌握，如何花精力去推广普及全民卫生知识、预防疾病的基本常识，是很重要的。农业科技问题也是这样，那就是如何到基层去普及推广。

第四，国家要有合理的有效财政投入。这些年对全国农业投入增长是比较快的，中央财政、地方财政确实都花了很大财力，在财政当中的比例不断提高。问题是如何改革目前的预算体制和办法，集中力量办大事。我曾经调查过，涉农资金中央有 15 个部门在管，大家各管一块，农业资金只要用到农业上就不违规。现在地方领导一个很强的愿望是希望统筹考虑，形成合力。这个地方可能是水的问题，那个地方可能是土地沙漠化的问题等等，都不一样。现在资金分得太细，等到了下面形成不了力量，不能真正地发展生产力。所以要与地方，与省、市、自治县统筹考虑问题。改革转移支付的办法，这一点是非常非常必要的。目前转移支付的项目太多、名目太多。现在我们都知道补贴的钱很多，农机补贴、电器下乡、土地补贴或者生产粮食补贴等等。土地补贴使很多地方失去了生产粮食的意愿。有些是种粮拿不到补贴，这样他把地租给人家拿到补贴，别人租地种粮食却拿不到补贴。农机下乡，很多钱没有真正落到农民口袋里去，这些问题都是值得我们认真地改革改进的。我们要看看这些资金有多少流失了、有多少浪费了，这些年对农民补贴的资金不可谓不大，也不可谓不多。

第五，节约粮食减少浪费。这是大课题，这个问题是世界性的，中国在这个问题上可能更为突出。

粮食问题历来是大问题。我在这方面没有研究，但是希望我们的专家学者就这些问题深入研究，提出对策，这对我们今后的粮食安全是非常重要的。

第六，转基因问题。我们要经过讨论、实践才能统一认识。不是一概肯定，也不是一概否定。任何事物都有利有弊，对新生事物我们要趋利避害加以完善。现在对于转基因，一种是称绝对好，一种是说绝对不好，这两种我都不太赞成，不要非此即彼。不是除了转基因，别的就不行。我们要看到提高粮食产量，增强粮食安全不只是一个办法、一种途径，应该八仙过海，各显神通。中国有中国自己的办法，国外的技术我们也要学习。到以色列考察滴水灌溉的非常多，回来搞的很少，滴水灌溉是要有很大投入的，所以我觉得各国各地方要走自己的路。我们国家有很多农业成果，这方面还是要大力宣传。成熟的科研成果及时推广，也要加以宣传和普及，增强信息公开透明，同时尊重消费者的选择权。

粮食安全需要从国家全局考虑，有顶层的设计与规划，经济工作会议对这方面提得非常全面、严谨，具有可操作性。要统筹地科学决策，并且加以协调。现在很多政策很好，但是协调不够。洪虎同志年年讲粮食，讲得国务院有些领导都烦了。现在看来洪虎同志是对的，粮食体制不改革不行。现在问题是协调很重要，有些部门这样看、有些部门那样看，有些事情办不下去的原因就在于缺乏协调，下一步体制改革会在这方面得到很好解决。只要全党、全社会高度重视，齐心协力，中国的粮食安全问题依靠我们自己的力量是完全可以解决的。

粮食安全决不能受制于人

（国家安全政策委员会会长　武警部队原司令员）巴忠倓

本届论坛的主题是粮食与国家安全，粮食安全是全球共同关注的重大战略问题。我国作为世界上人口最多的国家，粮食安全始终是国计民生的永恒主题，历来受到党和政府的高度关心和重视。特别是习总书记主持工作以来，他曾多次做出过重要指示，他先后四次在不同场合讲到这个问题。5 月 14 日，习总书记在视察天津时强调“一个国家只有立足于粮食自给才能掌握粮食安全的主动权，进而才能掌握经济社会发展的大局”。7 月 21 日下午，习总书记在考察武汉重型机床集团有限公司时指出“自力更生任何时候都不能少，我们自己的饭碗主要要装着自己生产的粮食”。7 月 22 日，习总书记在湖北鄂州市鄂城区杜山镇东港村育种基地考察时再次强调“粮食安全要靠自己”。10 月 28 日，习总书记在山东农科院召开座谈会时明确表示“手中有粮，心中不慌，保证粮食安全对中国来说是永恒的课题，任何时候都不能放松，粮食经验告诉我们，一旦发生大的变化，有钱也没有用，解决 13 亿人口的吃饭问题，要坚持立足国内”。刚刚结束的中央经济工作会议，也把切实保障国家粮食安全作为明年经济工作的头等大事，必须实施以我为主，立足国内，确保产能，适度进口，科技支撑的国家粮食安全战略，强调口粮要绝对安全。

为了开好这次论坛，我会先后三次邀请有关专家就我国的粮食安全问题进行充分的讨论和研究，我还和糜振玉副会长、俞源副秘书长专程拜访了袁隆平院士，他和我们详谈了他多年来优选种子杂交的过程以及对未来的计划打算。他对我国解决自身粮食问题是很有信心的，这使我们深受鼓舞和启发。袁隆平院士今天专程参加我们的会议，在此，我代表我们组委会全体同志向院士表示崇高的敬意。我们还特别邀请了成都市原市委副书记张锋，他们的实验表明纳米土墒肥对于改良土壤，提高产量效果明显。我想有袁隆平院士的杂交水稻和张锋的纳米高产肥等科技支撑，丰产前景非常广阔，我对中国自己解决粮食问题是有信心的。

但是我们也不能盲目乐观，我国粮食生产当前还是面临着严峻的挑战，我国的人口基数很大，而且还在不断地增长，随着城市化、工业化的发展，耕地不断减少，粮食靠天吃饭的局面还没有得到根本扭转，在这种情况下如何做到不受制于国外，靠我们中国人的力量和智慧保障全国人民吃饱吃好，这既是民生问题，也是关系到国家安全的重大战略问题，也是关系到习总书记提出的中国梦能不能实现的一个大问题。

这次论坛，希望大家认真分析我国粮食安全的形势，深入研究风云变幻的国际形势与国际粮食市场形势。研究粮食与国家安全，既要从粮食安全本身进行研究，也要从政治角度梳理，这样才能透过现象看本质。希望大家从维护国家安全与发展利益的高度出发，从维护广大人民福祉的角度进行全面科学分析，为贯彻中央工作会议关于自给为主、立足国内的国家粮食安全战略建言献策。

我们这次论坛是贯彻党的十八届三中全会的实际行动，我坚信在大家的共同努力下，会议一定可以开好，一定能够产生一批有价值的学术成果。

关键的时候，一粒小小的种子能够绊倒一个巨大的国家

（中国工程院院士　中国杂交水稻之父）袁隆平

国家安全是一个综合体系，包含政治、经济、文化、国防、信息、粮食和能源安全。在众多的安全因素中，粮食安全位于基础性地位，种业是粮食产业链上游的关键链条，在确保粮食安全中的作用举足轻重。现在一些发达国家企图通过种业战略，影响他国的粮食安全，控制他国的生命线，进而影响到他国的政治和经济，这无疑为我国敲响了警钟。对于中国这样一个人口众多的大国而言，如果主要粮食作物水稻、小麦、玉米、大豆等种子产业的主导权被外国控制，其农产品将永远没有竞争力，农业发展是没有希望的，其后果将不堪设想。关键的时候，一粒小小的种子能够绊倒一个巨大的国家。

解决粮食安全是系统工程

（吉林省原省长）洪　虎

粮食安全是国家安全的基础，国无粮不稳。从供给端看，粮食安全与农产品安全、农业安全、经济安全紧密相联。从需求端看，粮食安全与食品安全、市场安全、社会安全一脉相承。因此，粮食风险是系统风险，解决粮食安全是系统工程，既是经济系统工程又是社会系统工程。民以食为天，食以粮为本，粮食是主食的重要组成部分。粮食既是生产资料，又是生活资料，更是人类生命得以延续的生存资料，所以叫口粮。粮食安全涉及到粮食生产、流通（交换）、分配和消费的各个环节，解决粮食安全问题必须开源节流，综合治理。粮食安全既关系到粮食的数量品种，又关系到粮食的质量和食用安全；既涉及粮食的生产、储存、供应各个方面，又涉及粮食的品种结构、产销布局、储备更新、供应链条等各个环节。解决粮食安全问题要打组合拳。粮食安全还涉及城乡二元结构的问题，在推进新型城镇化的过程中要统筹考虑。粮食问题的解决涉及生态文明体制建设，与自然资源的供给、生态环境的承受能力密切相关，是生态文明制度建设、人类的代际持续发展的大事。总之，粮食安全是国家安全的重点，特别是对人口众多、人均生存资源相对匮乏（土地、水资源等）、资源禀赋不高的我国来说，更应该是战略重点，是应该纳入国家安全委员会讨论决策的重要议题。

关于粮食安全的重要性、紧迫性已有很多论述，今天也有很多专家研究者就这方面展开讨论，我的发言就从略了。

我国粮食安全方针是坚持立足国内、保障粮食基本自给，这个方针已被实践证明是适合中国国情、符合中国人民利益的，是有利于国家安全的，因而是正确的，需要继续坚持。当然对这个方针也有些不同的认识，主要集中在中国能否长期坚持做到立足国内，保障粮食基本自给有没有必要和有没有条件。我看这主要涉及对粮食安全中粮食含义的理解，一般都把农业中的粮食当作粮食安全中的粮食，实际上粮食安全所说的“粮食”与农业粮食中的“粮食”并非同一含义。

一、给粮食安全中的“粮食”正名

（一）缩小粮食安全中粮食的范围

一是在农产品中，要把粮食与非粮食农产品区别开。粮食安全是农产品安全的重要内容，但是农产品安全不仅是粮食安全问题；二是在粮食产品中，要把谷物类粮食与豆类、薯类等粮食品种区别开来，粮食安全主要是谷类粮食的安全；三是在谷物中，要把稻谷、小麦等细粮与玉米等其他粗粮谷物品种区别开来，粮食安全主要是适口性谷物的安全问题；四是在粗粮中把玉米与其他谷物区别开来，重视玉米作为产量第一的谷物品种的作用；五是在玉米中把作为口粮的玉米与作为饲料和工业原料用的玉米区别开来。总之，要把作为口粮的粮食与作为其他用途的粮食区别开来，把作为主要口粮的粮食和辅助口粮的粮食区别开来，以便分门别类地制定政策。粮食安全的核心是主要口粮的安全。要集中力量确保主要口粮（稻谷、小麦）的安全，充分发挥辅助口粮的作用，适度分散对主要口粮的依赖程度，降低主要口粮的安全风险。

（二）认识玉米的粮食与经济作物的双重属性，按其不同用途区别其与粮食安全的相关性

玉米是三大谷物品种之一。2012 年中国粮食总产量是 58957 万吨，其中稻谷 20429 万吨（占 34.7%），小麦 12058 万吨（占 20.5%），玉米 20812 万吨（占 35.3%）。玉米是粮食中产量最大的品种，可见玉米在粮食中所占的地位。但是玉米既是粮食又是经济作物，可供作饲料、工业原料（淀粉、糊精等）和能源原料（乙醇酒精）用。2012 年产的玉米作粮食用的还不到 10%，用作饲料和工业原料用途的约占 70%，20% 补充了库存。可见玉米的主要用途已不是口粮，而是作饲料和工业原料用。作为饲料和工业原料用的玉米难道也一定要坚持立足国内基本自给吗？如果一定要我们自己生产，人工费用很高，资源环境代价极大，机会成本极不合算。为什么不能把这部分生产转到国外去呢？我国现有能源，石油一半以上都靠进口，难道饲料和工业原料不能进口吗？作为饲料和工业原料用的玉米的安全性还要高于石油的安全性吗？我看这部分玉米是可以主要通过进口获得，关键是要实行分类的严格管理。

（三）把粮食补贴真正用到主要口粮上

我国现在所谓的粮食补贴实际是农产品补贴，就是按承包地块面积给予补贴，真正用到粮食上的不多，或者说力度不大，所以要从一般的补农作物转到补主要口粮生产，从按承包地的面积补转到按种粮的承包地面积来补，进一步发展，最后实现按主要口粮的产量来补。

二、发挥市场机制的决定性作用，逐步地但是坚决地提高主要口粮的价格，建立有利于维护中国粮食安全的价格体系

粮食在通常情况下主要是由市场机制配置的经济资源，要发挥市场机制的决定性作用，运用价格杠杆调节供需平衡。这样做的好处，从大处说：一是促进了主要口粮生产和消费的开源节流；二是调节分配关系，有利于缩小工农差别、城乡差别；三是有利于农作物的结构调整；四是增加征用粮食用地的成本，有利于保护粮食耕地。从小处说：一是增加了种粮农民收入，提高他们种粮积极性，这样就使得粮食增产不仅仅是国家的政策要求，还是农民的一种获利的行为；二是提高主要口粮的性价比；三是促进城市节约粮食，因为粮价低，浪费者无所谓，所以要把粮价提上来促使节约，让民众感受到浪费粮食的经济损失是较大的，以此来促进城市粮食节约；四是减少财政补贴“一刀切”等弊病，主要靠财政补农不如把粮价抬起来，财政转过来。现在对农民的补贴被认为是一种支农富农的措施，这个还是站在政府宏观调控运用财政政策扶持的角度看。实际上应该发挥市场机制配置资源的基础性作用，在这样一个基础上转过来，政府把补贴调整用到城市那些低收入、没收入，需要补贴的人群上，让城市中没有收入的或者低收入的人群能够消费得起粮食。这在补贴的操作上要比在农村亩产量上的操作更容易一些。应该设计详细物价改革方案，逐步推进，要坚定地走出这一步。如果现在粮价还是很低，实际上农民种粮积极性很难调动起来。从全社会角度来看，

这对开源节流是很不利的。

三、把维护粮食安全的重点放在粮食主产区和主销区

最先发生粮食不安全的地点是粮食的主销区，国家着眼解决粮食安全的着力点是粮食的主产区。目前我们的思路不利于调动粮食主产区的积极性，不利于加大粮食主销区维护粮食安全的责任。省长的米袋子到底要缝多大，我觉得首先要界定总理的米袋子，就是国家粮食储备制度到底要有多少。这是国家包下来的，然后分解到各个省对粮食主产区、主销区，界定省长米袋子做多大。现在把维护粮食安全的责任都加到了粮食主产区的头上。我在吉林当省长的时候，粮食风险基金中央财政是包干的，就给固定的数量，库存粮食增加的时候完全要地方资金配套，大家都知道粮食的主产省是财政的穷省，不像工业占比重大财政收入就多，凡是粮食大县都是财政穷县。本来财政就困难，一旦出现卖粮难，还要其自己掏钱为国家的安全承担责任去存多余的粮食。像这样的责任应该转到粮食主销区。这个地方发展经济把大量种粮食的农田改种经济作物，种经济作物的搞水产养殖，城市化建设推进很快占用了大量农田，你富起来了，却把粮食责任全部交给了主产区，我觉得这个是对维护粮食安全的责任的不公平。现在我们主产区能调出商品粮的越来越少了，如果我们不采取差别化政策，不增加粮食主产区种粮积极性，从全国形势来看这对维护粮食安全是不利的。另外我们要看到，粮食安全问题最容易发生的是主产区，现在把大量粮食存在主产区而不是存在主销区，存在主产区的粮食损耗费用利息要求主产区承担。一旦发生粮食

安全或者粮食风险问题的时候，你得长途调运，从主产区把粮食调到主销区。那么，为什么国家不能在主销区有意识地多建立粮食储备库，在主销区加大它的省长米袋子的责任呢？这样才有利于从两头来维护国家的粮食安全。

要加大对粮食主产区的财政支持力度，按商品粮调出量给予足额补贴。加大粮食主销区的粮食储备，增加粮食主销区的用粮成本，加大粮食主产区与粮食主销区的对口协作。粮食主销区的粮食储备，既要考虑粮食的周转，又要考虑到它要承担相应的粮食储存的费用利息，因为这些省份财政也有能力，经济发展越快的，农业比重越低的，相应财政收入就越高。大量的粮食转移要占用很大的社会运力，所以放在主销区对于一旦发生情况及时调运、及时加工，就容易解决问题。我 1998 年到吉林担任省长，当了六年的省长。但是我去之前，一些受灾的省从吉林调的粮食等我离任的时候粮食款还没有还上。这样是有利于还是不利于粮食主产区的积极性？当时调粮的时候中央下令说一麻袋粮食就是一个人的生命，那时候日夜组织突击往外运，但是运完了记的帐没人付钱。你去要钱，还不给，就拖着。所以像这种情况我们得具体说粮食主销区、主产区应该是什么关系，采取差别性的政策来解决这个问题。

四、维护粮食安全的根本途径在于科学技术

从我国农业生产的条件来看，第一要重点发展节水旱作农业。我国人均水资源只相当于世界人均水资源的 25%，这种情况下我们要重点发展节水旱作农业。只在水资源比较近的区域发展水稻这些作物，因为水资源不适合长途运输，我们要把这

作为一个战略。第二要提高化肥的使用效率，积极开发有机肥料、生物肥料等新型肥料，减少土地肥力的下降。这要作为系统技术来研究。现在我们靠增加化肥的使用量来增加单产，这个路子越走越窄，造成极大的污染，土地肥力下降、板结，这种路子再继续维持是很困难的，所以要有肥料革命的概念。就是说要采取新型的施肥技术，开辟新的肥源，这对维护我国粮食安全是有利的。第三要开发口粮新品种，扩大主食的食材范围。我们原来局限在利用谷物作为主食，现在要把视野扩大到草原、湿地、水域，甚至远洋，要把这些能够食用的食材充分利用起来，降低我们对主食的依赖，减少人均粮食消耗量。不然，我们解决粮食问题就是单纯增加粮食产量，这个路子有空间、有潜力，但是从长远来看还有一定限制。第四要发展无土栽培农业、立体农业，把适合立体栽种的空间利用起来，把土地腾出来种粮。多层面利用空间，用空间换土地，把土地置换出来用于种粮食。第五要把出口杂交水稻技术与引进农产品结合起来。这是临时受袁隆平院士发言启发，他提出来技术需要出口。其实我们想一想，技术出口出去，实际上就是利用了国外的土地、水资源，增加农产品，然后我们把农产品再购入，和这个东西挂起钩来，这更能促进多渠道解决农产品的供应或者是粮食的供应。第六要把粮食安全的科技项目打包作为一个国家攻关项目，组织系统攻关。我们在谈粮食安全的时候，实际上在分散着做一些课题，现在把它集成化提高，就像搞“两弹一星”一样，系统地研究粮食安全的问题，然后国家要有个高层的机构来协调这件事，绝对不要认为粮食安全就是农业部的事。农业部承担重要责任，但不是所有责任它都担得起来的，也不是所有事情农业部都能解决的。既然今年（2013）经济工作会议已经明确了明年（2014年）经济工作重点，第一位是要切实保障粮食安全问题，借这样一个东风进一步推动，把解决粮食安全科学技术的攻关作为一个打包的项目，在国家立项，加强财政支持力度，争取有关键性突破。

中华民族的基因安全值得我们高度重视

（中国社会科学院原副院长）李慎明

2013 年 7 月 21 日习近平总书记在考察湖北时说，自力更生任何时候都不能少，我们自己的饭碗主要要装自己生产的粮食。2013 年 11 月 28 日习近平在考察山东时又说，手中有粮，心中不慌。保障粮食安全对中国来说是永恒的课题，任何时候都不能放松。历史经验告诉我们，一旦发生大饥荒，有钱也没用。解决 13 亿人吃饭问题，要坚持立足国内。总书记这两段论述异常重要。

为什么？我个人认为，我们正处在大动荡、大变革、大调整的历史时期。在未来二三十年乃至上半个世纪，世界各大国、各主要战略集团相互合作、竞争、博弈、较量，其结果还很难说一定是一个既定的结果，各种可能性都有，但极可能是中国特色社会主义的巍然屹立与世界社会主义思潮、理论和运动的较大复兴。中国共产党第十八次代表大会之后，我个人对这一前景更加充满了信心。当然也决不排除中国和广大第三世界的发展遇到新的更大的困难，若如是，世界社会主义将步入一个比苏东剧变之后还要大的一个低谷。不管出现何种结果，但目前有一点可以完全肯定，这就是从这次国际金融危机爆发开始直到 21 世纪前二三十年乃至上半个世纪的世界格局，历史都已步入发展的快车道，全球都会处于一种激烈动荡甚至跳跃的状态，这是世界各种各类重大矛盾长期累积冲突的必然结果，不以任何国家与个人的意志为转移。

现在，世界主要大国、各大战略集团都在研究2030年乃至2050年中长期世界发展大势和战略态势。其战略性、综合性、全局性更加突出。一些研究机构认为，今后10—20年，最可能出现的“黑天鹅事件”是网络战争、粮食危机、生物战争、瘟疫流行甚至核战争。在最可能出现的“黑天鹅事件”中，粮食危机排在第二位。

美国战略家基辛格说，谁控制了石油，谁就控制了所有国家；谁控制了粮食，谁就控制了人类；谁掌握了货币发行权，谁就掌握了世界。

因此，我个人还认为，未来三至五年最多十年，是我党我国前所未有的机遇与世所罕见的挑战的特殊的历史时期。党的十八大后，以习近平为总书记的党中央，为应对西方世界企图在三至五年最多十年之内唱衰甚至围剿中国采取了一系列重大战略举措，确保粮食安全就是其中重要而又关键一项。

美国对我国始终是软硬两手。20世纪五六十年代，美国入侵朝鲜、越南，对我国长期进行政治孤立、经济封锁，并始终实施军事包围，制造2001年4月1日的南海“撞机事件”、1999年“5·8”炸我驻南斯拉夫大使馆，这是硬的一手。总的来说，美国对我硬的一手效果不大甚至甚微。因此，对我进行西化、分化的战略便被美国提到更加重要的战略位置。

随着我国的和平发展和崛起，美国近几年先是提出“重返亚太”战略，后又改为“亚太再平衡”战略。我个人认为，这是直接冲着中国来的。对此，不应有任何怀疑，否则会吃大亏。

在“重返亚太”战略中，以美国为首的西方世界用军事硬实力为后盾，以文化价值观的侵蚀和利用金融、贸易、大气排放、粮食等渠道这些软实力为主力军，企图逼我国就范。

我国耕地只占国土面积的13%，占世界总量的8.4%，人均仅有1.43亩。但改革开放30多年来，全国耕地净减少了2亿亩左右。2亿亩左右耕地进入房地产商品开发和基础设施建设等领域，对拉动全国GDP的增长，增加中央和地方各级财政收入，推动国民经济的发展，改善广大人民群众的生活起到了相当大的作用。2010年以来，全国每年土地出让金总额都要高达几万亿人民币，有的年份甚至超过财政收入。

2007年第十届全国人大五次会议上，政府总理宣布要坚决守住18亿亩耕地红线。我国现有耕地仅为18.2多亿亩，守住红线任务相当艰巨。我国中低产田比重还超过2/3。2007年我国的粮食总产量只是恢复到1996年水平，但人口却增加了一个亿。2020—2030年，我国人口可能达到15—16亿，每年需要粮食5.6—6亿吨，但若无大的科技进步，每年我们仅能生产4亿吨，现在国际上每年商品贸易粮不过是2亿吨。在极端困难的情况下，粮食是比黄金还要珍贵的物品。

现在，我国粮食自给率为90%，这是可喜可贺的成就。我国是大豆的发源地，有着5000年的栽培历史，其品种达2万多种。但现在我国大豆对外依存度已达80%，美国转基因大豆轻而易举地占领了我国市场。若按有效加工能力计算，目前国内大豆加工已被外资控制50%以上，外资四家公司还垄断了我国80%的大豆进口货源。另外，近年来，77家国外种子公司已掌控我国99%高端蔬菜和东北50%的杂交玉米的种子市场。2012年全国进口的农副产品折合成耕地则高达9亿亩。肉、蛋、奶、食油等农副产品的转换也是需要相当多的耕地。

粮食安全，又不能以污染环境为代价，而我国使用化肥严重超标。我国用占世界7%的土地，养活了占世界20%的人口，但我国每年使用化肥却占世界1/3。国际上一公顷使用的化肥是131公斤，而我国使用464公斤，长江下游是661公斤，为世界平均值的5.05倍。化肥利用率仅为30%—35%，其他都进入地上、地下水系中。现在只有40%的城市才有污水处理厂，而这40%设备只有一半启动，这也就等于80%的城市没有实行污水排放处理，我国土地污染的面积可能高达40%左右。而西方世界对我国的土壤污染却视而不见，仅仅关心所谓的气候变暖问题。

粮食安全，还有一个转基因的问题。转基因问题的研究，我们一定要紧紧跟上，但中华民族的基因安全同样值得我们高度重视。结论：我国粮食安全存在严重问题，亟需正在筹备中的国家安全委员会统筹考虑谋划。

在事关中华民族安危存亡的问题上要说真话

（总装备部副政委）李栋恒

习总书记说保证中国粮食安全问题是任何时候不能放松的问题，粮食问题确确实实是一个国家的重中之重的头等大事，关系到国家的兴衰，也关系到民族的存亡。

美国前国务卿基辛格说，谁控制了石油谁就控制了所有国家，谁控制了粮食谁就控制了人类，谁掌握了货币发行权谁就掌握了世界。西方的政治家们把粮食的重要性说得非常透彻。我国从古至今也都重视粮食，甚至把粮食作为国家的战略。历史上用粮食作为战略武器达成战略目的，不乏其例。基辛格任期期间，美国粮食霸权就是美国全球地缘战略的重要支柱。美国操弄粮食霸权的基本规律是先将发展中国家诱入新自由主义幻想，消耗其有限的水、耕地资源，然后垄断其粮食供给，控制其粮食命脉，进而控制这个国家，实现其地缘战略目标。

前两年在政协参加调研活动的时候，也深切地感受到粮食确实存在很大的风险。我们在调查过程中得知我国粮食进口量已经达到40%多，现在我国只有6个省可以调出粮食，其他省都不能调出粮食。原来说“湖广熟，天下足”，现在看湖南、湖北、广西也都调不出粮食。再一个就是我们国家粮食加工业的37%为外资，这一点也是不可理解的，有了粮食能不能自己吃还得仰仗外国人的鼻息。我曾经问农业部的同志，这么重要的问题为什么让外资掌握？他们说现在发现了这个问题，正在想办法。还有就是我们有大量的荒地，这个问题也是非常严重的，我们在调查过程中发现有良田还有荒着的。本来18亿亩就面临着时时被突破，粮食耕地越来越缩小，但是很好的耕地荒着也是一个非常重要的课题。粮食缺乏，怎么才能解决粮食问题，袁隆平院士用他卓越的成果给世人希望，给我们提供了很好的途径。有人主张靠转基因增产、抗风险、抗病等等，但是转基因产品上市以来，无论是在中国还是在世界上争论非常大。国际农业生产技术报告一方面认为，转基因作物的抗病虫性、抗旱耐盐、抗除草剂，将创造可观经济效益和生产效益。这是他们对转基因肯定的一面。但是他们也指出，到目前为止转基因食品里对抗生素的抵抗作用、对环境的威胁等问题尚未得到证实和解决。转基因食品尚未从科学原理上证明完全无害或者确定无害。此外，转基因技术是不同物种的基因组融合，对其后果无法估知，因而可能造成基因污染引起生物安全问题。国际农业生产技术的报告对转基因做了一分为二的阐述。

各国社会组织对发展转基因食品持谨慎态度，尤其坚持慎重引进国外没有经过严格检验的转基因技术。我国也是非常慎重的。习近平主席指出，中国粮食安全靠自己，我们自己的饭碗主要装自己生产的粮食。这个指示非常重要，也应该成为我们对待和处理转基因作物的一个根本指导思想。这些指示既对农业发展、粮食发展战略有着重要作用，其中也包含了对转基因农作物的基本态度。按照这个指示，我对转基因的问题提以下几点看法。

第一，应该加强转基因的研究，尤其搞清并回答好人民关切的问题。转基因的研究中国是较早的，这些年中国转基因研究，完成了粳稻的组合，完成了籼稻 9311。2002 年中国科学家和国际上合作完成多种作物的基因组测试，完成小麦 D 基因组和 A 基因组测试，在某些重要性征上我们取得了重要信息。我们下一步除了在这些问题上继续加强研究，我们还要加强对人们所关心的转基因食品到底对人类的肝肾、生殖系统有没有危害进行研究。对抗生素有没有对抗作用？对环境威胁有多大层面？有没有可疑性？对转基因后果无法控制的问题，现在也没有得到确定，这些问题是应该深入研究的。这些研究还不是弄个小猪喂 90 天测试就能解决的，也不是小学生吃转基因是不是被毒死或者有没有生病现象能解决的。我们要看的是长期有没有改变。在事关中华民族安危存亡的问题上要说真话。我们既然有这么大的转基因研究队伍，我们相信他们能够从根本上推进转基因作物发展核心技术的掌握，也能对它们的长期效益进行研究。转基因的好处是什么，弊端是什么，怎么克服这些弊端，要下工夫说明。既然是新的事物、新的科学，我们应该在这方面拿出更多的成果。既要关注它自身发展，还要对它的弊端加以消除。从基因上给一个国家制造灾难，从基因上使一个国家的粮食产生危机，这完全是有可能的。我们提倡和谐世界，但目前世界并不是和谐的。我们得警惕有些国际上别有用心的势力对中华民族在这方面做一些不应该做的事情。

第二，坚持确保创新无害作为转基因种植推广的核心。我们国家人多，要解决吃饭的问题，但是有一条，吃饭不能吃有害的东西。一个作物、一个品种能不能被推广，一个重要条件就是长期无害，吃 90 天无害，吃 9 年呢？吃 90 年呢？它对生物、对人类的肝肾生殖系统到底有什么样的影响、对种子有什么影响、对土地有什么影响、对环境有什么影响？我们不能只是听信少数人做出的一般性的泛化的结论。什么时候通过足够的实验检验，能够确保长期无害，什么时候再来谈新的产品、新的作物的应用。对国外的如此，对国内的研究也应该如此。中国的杂交水稻这么多年，从试种、扩大种植以来，不但中国人接受，世界人也接受了，因为它无害。

第三，要切实加大关注力度，确保消费者的根本利益。南方报道的“金大米”事件是国家没有批准的，是不允许的。这说明什么？说明有些利益集团在国家不允许的情况下，通过各种手段把一些尚未得到科学论证、不能确保安全的东西在偷偷推广，而且根本不贴标签，不说是转基因，甚至拼命地吹嘘怎么怎么好，价钱如何如何低，来引诱世人食用。任何一个负责任的政府对人民群众使用的药物、粮食、食品都是要进行安全监管的，发现问题及时纠正。质检总局负责人 12 月 4 日介绍，11 月深圳检验检疫局从美国进口的食用油检验出未经农业部批准的转基因成分，今日福建、深圳、山东检验检疫局相继从美国进口食品中检验出 M112，共计 10 万吨大米。这是检验到的，还有没有检验到的呢？转基因大米与种子公司的关系最大，企业本身没有条件开展转基因，关键在于生产。

第四，大力发展中国现代化农业，立足自己解决粮食问题。我们自己生产的粮食够吃了，我们的粮食安全问题也就解决了。我们还是要落实中央指示，抓好农业现代化建设，解决好地的问题，解决好水的问题，解决好肥的问题，解决好种子问题，这样才能保证我们自己生产出安全可靠的粮食，我们饭碗中盛的都是我们自己生产的可靠的粮食。到那个时候，我们才能理直气壮地对外国没有安全保证的食品坚决地说“不”。

高度警惕我国粮食为外国转基因所掌控的巨大风险

（中共中央党校研究室党委书记）曾业松

刚刚结束的经济工作会议史无前例地把粮食安全作为2014年工作的首要任务，并且创造性地、务实地提出了五条战略举措。对于粮食安全我总的看法是形势严峻但并不可怕。首先我想说的是百姓食品结构发生了很大的变化，粮食安全的概念应该放大到食品安全、农产品安全所有领域。这样便于同国际接轨，也是一个通行的概念。从目前我国总体情况来看，每天要消费40亿斤食品，目前基本上供求平衡，没有出现大的问题。但是从长远来看，的确危机重重，不容乐观。我们既不能盲目乐观，也无需忧心忡忡。怎么实施国家提出的粮食安全战略？我想简单地说就是以下五个坚持、五个不能：

第一，坚持立足国内、基本自给方针不能动摇；

第二，坚持确保粮食生产能力的原则不能改变；

第三，坚持适当利用市场，平衡需求的战略不能放弃；

第四，坚持强化食品安全管理不能放松；

第五，坚持保障粮食安全的思维不能僵化。

立足国内、基本自给方针可以说是历史的经验也是现实的要求。大家知道，中国历史上在唐朝的时候是鼎盛时代，只有5000万人口，人均粮食628公斤，是国力强盛的突出标志，成为世界之最。现在来看，改革开放以后特别是近十年来粮食连年增产，2013年超过6亿吨，达到最高水平，但是人均拥有粮食还是在400斤左右。所以从这一点来看，我们对于立足国内、基本自给这一方针不能动摇。怎么落实好这个方针？经济工作会议强调要确保产能，所以提高粮食生产能力的原则不能改变。那么现在国内有一些人主张多从国外进口粮食，一定程度上讲是有道理的，关键是进口要有底线，还要看采取什么样的进口方式，避免依赖国外、受制于人。如果我们建立好期货市场，建立全球伙伴贸易关系，或者走出去买地，与相关国家形成买家同盟或者卖家同盟，可以稳定保证粮食供应，稳定粮食进口价格。特别需要指出的是，从虚拟经济的角度来看，一定的粮食出口对于保护我国水土资源、弥补农业资源短缺有着特殊的作用。像我们这样的缺水国家，进口大豆、稻米这样一些水资源密集型的产品等于进口水、等于进口土地，所以具有粮食安全和资源保护双重意义。

近年来，国家粮食安全，特别是农产品安全问题日益突出，已经上升为亟待解决的主要矛盾之一。这里有两个问题：一个是食品质量安全管理，还有一个就是大家非常关注的转基因产品管理问题。从科学的角度来讲，转基因产品是不是会让人断子绝孙，还有待进一步的证明，而且转基因的农作物品种如果完全为外国人所掌控和粮食安全依赖国外，风险一样极其可怕。为此，我曾经两次反映过这个问题，表达了很多人对这个问题的担忧，并提出了一些建议。高层对此都做过批示。

我想说的重点问题就是我们解决粮食安全的问题，过去的思维应该加以调整，不能僵化。有些同志一讲粮食安全就是只呼吁守住18亿亩红线，强调多种粮食，发展草本粮油，这当然没什么不对，但是这种思维方式范围太窄，方式太陈旧。我认为解决粮食安全应该有更宽广的眼界、有更宏大的战略。具体做到“四大”：

第一，农业资源利用要有大视野。我国农地、山地、草地总共100亿亩，除了农地以外山区林区共80亿亩，这些地方不能种粮，但是可以种干果、水果，搞特种养殖，规模化种植木本粮油，发展现代养殖业，将产生巨大食品安全保障作用、增收致富作用。我去云南大姚县，两年一次六级地震，政府动员农民移民下山，当地老百姓都不愿意下山，原因是这个县种了百万多亩核桃，核桃树下种中药材，每年一亩山地林地至少增收1000块钱，这样来算8000亩林地，按八亿农民来算，每个人增收一万多块钱一年。这样立体化多层次建设木本粮油经济，发展林下经济、林药经济等等将是更大的发展思路。有人把这叫做“林草兴邦”战略，我觉得这是有远见也是务实的，所以我们解决粮食安全应该从18亿亩拓展到100亿亩，从发展草本粮油拓展到发展木本粮油。当然这要尊重自然规律，接受过去的教训，再也不能干毁林毁草、开荒种地的蠢事，否则将引发更大的环境灾难。

我国现有的草原、草山、草坡牧草质量差，产量低。我们一方面建设优质草原，另一方面建设现代畜牧业，减少饲料用粮。现在大面积粗放的放牧散养既破坏草原生态，又难以提高畜牧业效益，所以应该加快推进畜牧业现代化。山区多是少数民族聚集地，许多地方是革命老区贫困县，如果把80亿亩草地建成现代木本粮油基地，意义是多方面的。

第二，新型农业体系要有大发展。三中全会强调建立新型农业体系，实现家庭经营、农场经营、企业经营共同发展，目前建成800个粮油基地县，这对于粮食生产起到了决定性作用，关键是在农业现代化生产体系上要有突破。重点是大力发展园区化、工厂化现代农业。我最近了解到现在工厂化生产的食用菌，2012年全球市场销售总额1700亿，2000多万劳动力从事食用菌生产，这种工厂化农业显示出强大生产力。同时进一步发展精准化的农业，发展高附加值服务型农业和集成化农业，既是食品供应增加的需要也是产业创新功能的体现。

第三，科技兴农要有大突破。粮食生产不足，任其发展不行，通过暴力战争手段掠夺更不行，唯一有效的办法是运用科技促进粮食生产。我国目前农业科技贡献率只有54%，农机化率为57%，远远达不到发达国家先进水平，所以科技致胜潜力很大，还要加大力度，力争更大突破。

第四，保护粮食生产政策要发挥更大作用。这些年来粮食补贴范围不断扩大，达到72项，补贴水平不断提高，农民种粮补贴平均每人74元钱，和发达国家相比，美国一个农业生产者每年得到政府补贴1万美元，法国一个农民种一公顷地补助300欧元，养一头牲畜补助400欧元。那么我们和欧美补贴政策相差很大，所以我们要不断地改革完善补贴制度，不断加大力度提高补贴标准。我相信以改革开放的思路落实国家粮食安全战略，粮食增产和食品供应一定能够实现中央的要求，永葆口粮绝对安全。

夯实中国人能够自己解决好粮食安全的雄厚底气

——高产纳米复合肥与新型农业体系建构

（成都市原市委副书记）张　锋

我在这里首先想讲两个事例。

袁隆平院士讲了一个杂交水稻在中国实验推广的事例，我讲的第一个事例是，国家最高科技奖的得奖人施昌旭院士领导的团队通过十年的探索发明了正光纳米复合肥，这个复合肥首先用来治理沙漠，在全国不同的沙漠上治理取得了很好的效果。这四年来，这个纳米肥料又用在农业上，在二十几个省区六大类的农作物和几十个品种上使用，也取得了明显的成效，在水稻上已经取得了平均增产10%—30%的效果。袁隆平院士搞的“U”系列的一个品种，2013年就用这个肥料在广安的试验田达到800公斤，这说的还不是超级稻。在北方的玉米上，在赤峰的三年实验里，亩产过2000斤，普通的玉米只有1000斤。辽宁沈阳使用纳米正光肥使玉米亩产2400斤，几乎翻了一番。这个肥料在其他方面的表现也比较优秀，如在河南、东北、四川的花生种植，河南花生的种子实验增产30%，四川原先的花生亩产300斤，但是用了正光肥，亩产达列600—800斤，增加了一倍。在南充、广安都几乎达到了增产一倍的效果，在东北沈阳，亩产达到660斤。玉米生产，在干旱的土地上，一般就是亩产400公斤，云南农科院使用纳米正光肥使亩产增加300%。这几年云南干旱，周围农作物几乎都干死了，我们的试验田长得郁郁葱葱。蔬菜水果都有相当高的增产，质量如何呢？国家检验机构的报告20几个农产品都达标了。这个肥料还节肥，化肥使用量减少30%；节水；而且土壤有改善。在沈阳的甜菜种植，农民种植平均亩产4吨，用它达到6.7吨。这个肥料在我退下来以后耕作了八年，亲自所见，亲耳所闻，有些地方我亲自去看。如果说用这样的肥料，良种良肥，我认为是对国家的粮食安全、生物能源安全、土地安全，乃至食品安全提供了一个有效的途径。

最近微生物专家海博士研究的肥料，我们也用了几年，效果很好。2011年在新疆建设兵团20亩大豆，亩产2600斤，这个肥料用在成都猕猴桃种植上，红星猕猴桃培育专家说这个猕猴桃的种植亩产1000斤差不多了，但是跟这个生物肥的结合下来最高亩产5000斤，而且商品果占90%。一般农民种的500—700斤，好的1000斤，再高产的2000斤，但商品果率只有40%—50%，而这个达到4000—5000斤，还有这么高的商品果率。10块钱1斤的话，一亩地就卖到5万块钱。南洋的花生试验，2013年达到1200斤，这是这个肥料显示出来的强大功力。这两个肥料最近已经谈成，要抱团发展，如果再跟袁隆平院士的杂交水稻抱团发展，那么良种、良肥、良法，这个技术体系支撑起来，我想会对我们国家的粮食安全增加雄厚的底气。

所以我们今天至少得到三个观点：

第一，中国的粮食安全要靠自己解决的坚定信念应该树立起来；

第二，中国人能够解决自己粮食安全的坚强信心应该确立起来；

第三，要夯实中国人能够自己解决好粮食安全的雄厚底气。

强调一点，解决这些问题必须是体系思维、体系策划、体系统筹、体系建设、体系推进、体系合力。因为这八年的观察，没有这一套体系，单打独斗，单方面一朝一夕解决不了面上的问题。比如说高科技怎么落地生根开花，人才就是个大背景问题，所以我们现在全力以赴抓农业经理人和现代化农民的培训教育，没有在职的农民搞现代农业，这些高科技都可能打折扣，落不了地。我们一方面研究上面的政策，还要研究落地的办法。这一次十八届三中全会提出建设新型农业体系，我认为提得非常对。

我希望我们通过这一次战略研讨会，能够促进袁隆平院士的杂交水稻跟施昌旭的纳米肥料和海博士的生物肥料结合起来，使杂交水稻尽快突破1000公斤的目标。

拒绝转基因，从源头上确保国家粮食生产安全

（甘肃省张掖市市委书记）陈克恭

祁连山脉，中国地形第一阶梯和第二阶梯分界线，两大阶梯形成的自然落差造就了一个天堑走廊，即河西走廊。张掖就位于祁连山北麓的河西走廊中断，承接着青藏高原与内蒙古高原的过渡分界段，富集有雪域高原和大漠戈壁的极端地貌；又因黑河穿越全境，在广袤的大漠中孕育了连片湿地，形成了河西走廊最大的绿洲带，可谓是一个能将蓝天白云、冰川雪山、森林草原、沙漠绿洲、七彩丹霞、沼泽湿地、湖泊苇溪等各类地貌景观聚焦在一个镜头里的城市。古丝绸之路中段恰恰依河西走廊而成，这使得张掖成为一个位处多姿多彩自然生态景观线与绚烂神奇丝绸之路文明线交会的金色十字上的城市，自古就有“金张掖”之美誉。2013 年 10 月，为抢抓国家建设丝绸之路经济带的历史机遇，全面提高我市农产品质量安全水平，推进现代农业大市建设，我市出台下发了《关于建设农产品安全大市的意见》（以下简称《意见》），《意见》中提出了“一严格、五禁止”的要求，其中一条是“严禁任何企业和个人在张掖落地从事繁育、销售和使用转基因种子的经营活动”，因涉及到了转基因种子，瞬时引起了

社会舆论的广泛关注。

出台这样一个文件大体上基于不可否认的三个基本事实：一是关于转基因问题从国内外科学界到政府官员的认知都不同。二是因认识不同，所以在政策制订上就有不协调之处，在措施上就有不配套之处。比如说政策上我们一方面鼓励转基因商品化，另一方面又提出粮食安全问题，而我们所要的安全，首先应该是质量安全。三是社会层面对转基因问题无所适从。

正如袁隆平先生讲的，“关键时期，一粒小小的种子就可以绊倒一个大国。”种子是粮食之母，而张掖是国家玉米制种基地，占全国玉米种子市场的半壁江山。它出问题就不是一颗种子出问题了，而是全国粮食都会出问题。从这个角度讲，对种业的安全问题，张掖较其他任何一个地方更负有责任，我个人认为怎么慎重都不为过。作为市委书记，我只能做到停下来、慢一点、看一看，采取系统思维、底线思维、兜底措施，等大家认识一致了、政策上配套了、措施上完善了，我们再做也不迟。

十八届三中全会以后，全国上下认真学习习近平总书记重要讲话精神，特别是全国经济工作会议，对 2014 年的经济工作提出了六大任务，我们看到首当其冲是要切实保障国家粮食安全。同时，会议在分析经济工作存在的六个问题中，第三个便是保障粮食安全难度加大，说明党中央、国务院对粮食安全高度重视。在这儿，我有一点体会，最近习近平总书记提出，全体党员干部要“学哲学、用哲学”，希望我们学会从宏观上把握事物。我认为，没有宏观，微观便没意义；没有微观的支撑，宏观便无法掌控。所以，从宏观上来讲，我们对转基因这项新技术在国家战略安全上、在国家粮食安全上持什么样的态度，需要有一个清醒的认识。只有如此，我们的微观，我们在战术上的研究，才显得更加有意义，才更加有保证。习近平总书记强调要一分为二地看问题，既要看到事物好的一面，也要看到问题的一面，同时，要合二为一解决问题，统筹事物利弊来加以区分。我真心希望，在对待转基因这个问题上，我们有关方面，能够本着统筹利弊，采取兜底措施，防止弊端，扬长避短，为我所用。

最后，再一次通过各位向社会做一个承诺：只要中央不明确规定全国必须种转基因种子，张掖就可以选择不种。张掖市人民政府已经根据市委市政府《建设农产品安全大市的意见》制定了《农产品安全大市管理办法》，稍后几天大家就会在网上看到。《办法》中最核心的有两点：一是所有在张掖的制种企业必须签承诺书，承诺他们繁育的玉米种子不是转基因的；二是承诺签订以后，种子是不是转基因的，目前我们尚不具备条件进行检验，但有了这样一个承诺，则意味着当我条件成熟时可以按照承诺去监管，或者当有人举报，我们就可以送检。一旦违背承诺，我们就从吊销执照、没收非法所得、没收产品，一路监管执行到底。

需要说明的是，贯彻落实中央经济工作会议精神，我仍然希望在国家主控的有计划、有部署的安排下，能在转基因方面加快研究，我们愿意在张掖提供一个实验场，提升国家对转基因技术的把握能力。

农科院所应勇担维护国家粮食安全重任

（菏泽市农科院院长）陈成君

粮食是一个国家最重要最基础的资源，粮食安全不仅关系到人民的生存问题，更关系到国家全局性、长期性的战略问题。粮食的安全是巩固国家政权的重要保障，是社会稳定的重要条件，是一切经济建设、政治建设、精神建设的基础保障。

菏泽古称曹州，是山东省西南部的一个地级市，是全国著名的牡丹之乡、武术之乡、书画之乡、戏曲之乡和民间艺术之乡。菏泽是一个农业大区，农业人口760万人，现有耕地面积1247万亩，基本农田超过1000万亩，主产小麦、玉米、棉花、花生、大豆等。2012年，粮食、棉花总产分别占到全省的1/7和1/4，至2013年全市粮食总产实现十连增，是全省乃至全国重要的农产品生产基地。

近期，习近平总书记来山东视察，到了几个市和企业单位，围绕农业农村改革发展等问题进行了深入调研，其中到了省农科院、菏泽农科院，作了一系列重要讲话，重点突出了三农及农业科技工作，尤其是对粮食生产作了精辟的论述。习总书记强调："解决好三农问题是全党工作的重中之重，必须长期坚持，什么时候都不能动摇”、“确保国家粮食安全和主要农产品有效供给，是发展农业的首要任务”，并通俗形象地说道：“手中有粮，心中不慌。”习总书记指出：“农业科技对确保国家粮食安全、突破资源环境约束作用巨大，潜力也巨大”，要“给农业插上科技的翅膀”，要“比以往任何时候都更加重视和依靠农业科技进步，化解耕地资源不足、水资源约束、环境压力、气候变化影响，应对农业劳动力老龄化等突出矛盾”。习总书记的重要讲话，充分体现了党中央对农业基础地位和国家粮食安全的高度关注和重视，同时又为农业科技和农业科技工作者提出了新时期的新要求，为农业科技发展明确了努力方向和奋斗目标。

作为我国农业科技创新与推广体系的重要组成部分，地市级农科院所是一支不可或缺的重要科研力量，承担着区域农业科技创新、科技成果转化推广的任务，其科技创新能力的提高和社会化服务功能的发挥与地方经济社会发展具有密不可分的关系。据不完全统计，目前，我国大面积生产上应用的大约 3/4 的主导品种，1/2 以上的主推技术均来自于地市级农业科研院所，全国农业科技类的一、二等科技进步奖，大部分的第一完成单位是地市级农科所。因此，有人用“一部基层农业科研单位历史就是半部中国农业科技创新史”来概括和评价基层农业科研单位在中国农业科研发展进程中的地位和作用，应该说极为恰当。

目前，我国农业正处在由传统农业向现代农业转变的关键时期，大力发展现代农业、改造传统农业、实现农业增长方式转变任务紧迫，粮食生产面临农产品需求刚性增长和资源供给硬性约束、农产品供应总量平衡和结构性紧缺两大突出矛盾，促进农业发展、保障粮食等农产品有效供给绝非易事，农业科技进步和创新将是决定性推动力。作为农业发展的一支重要支撑力量，地市农业科研院所只有找准发展定位，进一步强化其技术研发以及引进遴选、集成配套、示范推广适用技术的功能，充分发挥其链接科研与推广的关键作用，不断增强科研实力和自我发展能力，才能适应现代农业发展和科技竞争的新形势。

要强化责任心，增强历史使命感。农业科研工作者属于知识分子的一部分，具有知识分子的全部特征同时又具有扎根农村、服务农业的奉献精神。新一代农业科研工作者要以老一辈为榜样，深刻学习他们踏实肯干的奉献精神，努力培养“热爱农业、热爱农村、热爱农业科研”的情怀，始终保持孜孜不倦的学习热情，始终把握精益求精的科学态度，努力塑造扎实的科研素养和开放的学术胸襟，将自己的兴趣爱好和现实农业发展需要紧密联系起来，脚踏实地，刻苦攻关，守得住清苦，耐得住寂寞，在平凡的工作中砥砺品质、锤炼作风、体现价值，创造不平凡的工作业绩。

要强化科技创新，提高粮食生产科技支撑能力。地市级农科院所处于农业科技创新体系的末端，最贴近农业生产实际，应根据全国优势农产品区域布局规划，针对粮食生产和区域优势农产品发展需要，着力开展有区域特色的科技创新活动，一方面，将当地农业生产上急需解决的品种和技术问题作为研究方向，按照“高产、优质、高效、生态、安全”的要求，多出品种、出好品种，多出成果、出大成果；另一方面，利用自身拥有科研成果及科技信息的优势，将“上游”的成熟技术吸纳过来进行组装、集成、配套、再创新，通过示范推广将这些综合配套技术以农民易于接受的方式应用于生产，从而实现科研与生产的有效结合，提高农业科技贡献率，努力将自身建设成为名副其实的区域农业科技创新中心。

要强化宗旨意识，开展多形式社会化服务。进一步牢固树立科技服务意识，以服务于地方农村经济社会发展作为开展工作的出发点、着眼点和落脚点，紧紧围绕地方党委、政府的中心工作开展科技服务工作。要通过建立科技示范基地、农业科技现场会、科技下乡、技术培训班、公益性网站、科技服务热线等活动，开展不同形式的科技咨询服务工作，实现农业科研成果直接到田间地头的零距离转化。要更多地主动承担政府社会服务性职责，积极参与地方农业科技发展规划的决策实施、农业科技示范园区建设、科技进村入户、科技特派员、科技扶贫、农民培训等工作。深入探索创新科技服务思路、模式和机制，更加注重与科技带头人、种养殖大户、农业科技企业的技术对接，积极鼓励科研人员积极参与新型农业经营体系建设，采取资金、技术入股等各种有效形式到农村发展适合产业化经营的现代种养业，领办兴办各类产业事业，向农业输入现代生产要素、先进技术和经营模式，在农业产业结构调整和农村经济社会发展中发挥科技推动力作用。

地市级农科院所不掌握任何社会资源，系弱势部门，理应得到全社会的关心、重视和支持。作为地市级农科院所本身，要大力宣传科技进步对农业生产发展的作用，宣传农业科技工作者的爱岗敬业和奉献精神，宣传农业科研的社会公益性地位，并加强与上级有关部门的联络，积极主动地与有关部门汇报和沟通，使上级部门了解地市级农科院所对促进地方农业和农村经济社会发展的作用，扩大地市级农科院所在社会上的知名度和影响力。各级党委政府和农业科技主管部门，要高度重视农业科技工作，按照中央文件和习总书记一系列有关三农、粮食生产和农业科技方面的重要指示精神，落实好地市级农业科研院所的公益性地位，并针对其在基础设施建设、科研条件改善、人才培养引进等方面存在的问题，出台相关支持政策，多方面聚集资金，积极营造科研人员潜心研究的政策环境，为地市级农科院所打造区域性农业科技自主创新科学发展高地提供必要条件。

粮食安全是一个永恒话题，是一项系统工程，需要各级党委政府、职能部门、人民群众和社会各界齐抓共管，协同推进。地市级农业科研院所作为我国农业科研体制中的基层农业科研单位，要勇担重任，积极作为，以其特有的区位优势、人才优势和成果优势，为发展现代农业、提高农业综合生产能力，保证国家粮食安全发挥更大的作用。

从国际形势看我国粮食安全问题

（外交部原政策研究室主任）丁原洪

从国际形势看我国粮食安全问题，我讲三点看法：

第一，粮食安全问题是我国国家安全的一根软肋，这是我国的基本国情（人多、地少、水缺）造成的。随着国际形势的变化，我国成为世界上第二大经济体，美国为了维系它唯一超级大国的领导地位，越来越明显地把我国视为最大的威胁，千方百计地试图阻止中国的快速崛起。对我国来说，它对我们在政治上的包围、军事上的堵截，既不会成功也不足虑，但它借助其在经济上的优势地位，对我国进行封杀、破坏则是值得我们格外警惕的。

基辛格说，“如果你控制了石油，你就控制了所有的国家；如果你控制了粮食，你就控制了所有的人；如果你控制了货币，你就控制了世界。”美国国家情报委员会对2025年全球趋势的预测指出，届时，全球面临的四大主要问题之中，占首位的就是对石油、粮食和水的争夺。

恰恰在粮食、水资源、能源以及货币等关乎各国生存和发展的关键领域，美国拥有远比我国优越的条件，而这几个领域也是我国薄弱的环节。

第二，绝不能幻想靠扩大进口来解决我国粮食安全。原因有二：

（1）国际市场可供销售的粮食总量不能满足我国的需要。目前我国粮食总量约 6 亿吨，人均 400 多公斤，如果人均消耗量增加 10%，即不及 500 公斤，就需要进口 6000 万吨粮食，而现在在国际市场可以买到的粮食总量也只有 6000 万吨。各产粮国自己消费了 3000 万吨不在其中，世界上依靠进口粮食为生的国家许许多多，中国既不可能也不应该自己一家将全球的粮食供应全部买下。

（2）国际市场的粮价（如同石油一样）并不是根据供需关系来决定的，而是由掌控粮食交易的四大跨国公司决定的。这四家公司分属美国、法国、加拿大和澳大利亚。2012 年，国际粮食交易的 99% 由这四家公司掌控，价格由它们一手垄断。例如 2008 年发生的震惊全球的粮价危机并不是粮食危机，这一年世界大米、小麦产量创世界最高纪录，而粮食价格却达到了过去 30 年来最高点，大米价格从 2007 年 12 月的 375 美元/吨，上涨到 2008 年 4 月的 1100 美元/吨，也就是说 4 个月内价格上涨了 3 倍。可见，这完全是由于人为操纵，并非因供应短缺造成的。

习主席说，我们自己的饭碗主要装自己生产的粮食。粮食安全要靠自己是千真万确的。

第三，我国粮食安全问题越来越严峻。首先，人多、地少、水缺的基本国情没有变，而且人口在增加，耕地面积在减少，水资源日渐匮乏。这一形势非短期内所能够扭转；其次，我国粮食自给自足只是低水平的，与发达国家相比差距很大。例如，2007 年我国人均谷消费量仅 400 公斤，美国则是 1046 公斤，我国人均肉类消费量是 54 公斤，美国是 124 公斤。要实现小康，粮食需求会不断地增加，而满足这方面的需要将是十分艰巨的任务。

因此，对于我国来说，保障粮食安全不仅仅是提高农业生产的战术性的问题，更多的是关乎我国生存和发展的战略性问题，应该也只有从这一高度来认识、研究、求解保障粮食安全这一永恒的课题。

粮食安全是为政之要，安民之基，备战之道

（二炮装备部高级工程师）刘希凤
（二炮装备研究院原五所政委）张海生

民以食为天。为政之要，安民之基，备战之道，首在足食。粮食安全历来是治国安邦的头等大事。对于我们这个拥有13亿人口的大国来说，保障国家粮食安全直接关系到国家安全战略全局，意义极其重大深远。因此，面对国际粮食严峻形势和我国粮食生产与供给的现实压力，必须审时度势，未雨绸缪，正视现实，应对挑战，适时采取有效的战略措施，确保国家粮食安全无忧患。

一、面对大国人口增长和粮食刚性需求的挑战，必须始终把粮食生产作为国计民生基础性工程常抓不懈

我国人口的增加无疑是粮食需求的重要原因。党的十八届三中全会做出的深化改革的决定中，就包括允许单独家庭生育二胎

的政策出台，这也将会带来我国人口新一轮的加快增长的步伐。另外，随着工业化、城镇化和人民生活水平的提高，也会增加粮食的需求。我国粮食需求结构主要包括口粮需求、饲料粮需求和工业粮需求等。影响因素主要是口粮消费总量增加和消费结构升级，以及饲料粮和工业粮需求增长。口粮需求数量持续攀升且质量逐步提高。国家人口计生委预测，未来十年我国人口仍将以年均800—1000万的速度增长。2020年，我国人口总量将达到14.6亿；人口总量高峰将出现在2033年前后，达15亿左右。人口增长导致口粮需求刚性增长。按照人均400公斤/年口粮消费量计算，2010年口粮消费需求为5.48亿吨。2010年全国粮食总产量为54641万吨（10928亿斤），比上年增加1559万吨（312亿斤），增产2.9%。表面看，我国粮食总产与口粮消费基本持平，实际上，粮食产量不可能全部用于口粮。2020年和2033年前后，我国口粮需求总量将分别达到5.84亿吨和6亿吨，口粮需求数量持续攀升。饲料粮和工业粮需求的数量、质量同步增长。质量型消费对食用油、肉蛋奶和精加工食品需求迅速增长，引发饲料粮消费快速增加。据预测，到2020年饲料用粮需求总量将达到2355亿公斤，占粮食消费需求总量的41%。由此，导致饲料粮主要来源——大豆和玉米需求增长。有资料显示，2007—2008年度，我国玉米消费需求较上年度增长3.6%，大豆消费需求较上年度增长5.7%。饲料市场需求旺盛，引发优质专用大豆、高质量玉米需求量大幅走高，出现与人争粮、与人争优质粮现象。同时，生物燃料、玉米深加工、生物制药和酿酒工业尤其是生物燃料迅猛发展，不但会增大粮食消费比例，要求提高质量标准，而且会扭曲粮食价格，引发物价总水平上涨预期。农业是国民经济的基础，粮食是基础中的基础。粮食是关系国计民生和国家安定的重要战略物资，是人民群众最基本的生活、生产资料。发展以粮食生产为主题的农业是我国社会发展的一个永恒的主题。历史经验表明，各个国家什么时候重视农业，国民经济就稳定增长；什么时候忽视农业，国民经济就会出现波折或者停滞。当农产品尤其是粮食生产出现停滞或下降时，整个国民经济就会出现稳定波动；当粮食一旦出现危机，社会就会不稳定。因此，粮食是时局的稳定器，这在战乱或粮食饥荒时期表现尤为突出。中国五千年历史，经历了数不清的饥荒，历史上多次农民起义都与饥荒有着直接关系，可以说饥荒与乱世几乎是结伴而行的。新中国建国之初，新国民经济管理制度尚未健全，粮食供应能力低下，一些商人乘机囤积居奇，哄抬物价，使粮食市场处于波动之中，经济秩序混乱，造成严重的社会恐慌。党和政府及时出台了一些有利措施，才使这种不稳定局面得到遏制。当前粮食危机正在全球蔓延，粮价持续飞涨损害了经济增长并危及政治安全。比如，西孟加拉和墨西哥发生由缺粮引起的暴动，非洲多个国家因物价高涨而发生不同程度的骚乱甚至动荡。所以对一个国家而言，必须把作为国家安全基础的粮食安全放在重要位置考虑。由此可见，粮食安全与经济发展、社会和谐、国家稳定息息相关。任何时候都要把粮食安全这个确保国泰民安的基石夯实固牢。

二、面对国际粮荒严峻形势的挑战，必须有效防范粮食安全风险

自20世纪80年代经济全球化兴盛后，影响世界粮食供求的因素越来越多，粮食生产、库存的不稳定性日益增加，供应不足和过剩的情况频繁交替出现。粮食安全问题的阴影始终挥之不去。近年来，世界粮食生产量一直低于消费量。据联合国粮农组

织（FAO）估计，目前全球粮食储备已降至自1980年以来的最低水平，仅能满足50多天世界粮食消费。回顾国际粮食暴涨情势，2005—2007年国际市场粮食的价格普遍暴涨了一倍，在一些地方甚至涨了两倍。世界粮价上涨并不鲜见，但近乎所有粮食品种较长时期持续涨价，历史罕见。在许多发展中国家，穷人75%的收入用于食品支出，粮食涨价使他们的生活雪上加霜。粮价普涨在越来越多的不发达国家激发了越来越多的社会不稳定事件。墨西哥民众因玉米价格上涨而举行游行示威；印尼因创纪录黄豆价格引发民众上街抗议；巴基斯坦因小麦短缺而出现社会骚乱；阿富汗等诸多国家粮食上涨引发社会动荡；海地总理因此而黯然下台。当前的世界粮食危机成因复杂。经济全球化、金融化使世界大宗商品价格日趋联动。油价上涨导致化肥、农药等农用物资价格上涨，相关运输费用提高，从而抬高食品生产成本与售价。气候变化一度被一些发达国家认为是影响世界粮食危机的主要因素，但是就世界经验来看，因为气候导致粮食产量变化的上下幅度不过百分之一二。全球粮食供求变数增多。2006年以来，受部分国家粮食减产、生物能源产业快速发展等因素影响，国际市场粮价剧烈波动，小麦、玉米、大米、大豆价格相继创历史高点，导致一些国家出现粮荒。国际粮食市场剧烈波动，预示着全球粮食供求矛盾加剧，未来国际市场粮食供求变数增多，这对我国有效利用国际市场平衡国内供需将产生不利影响。世界粮食市场供给无法有效满足我国的粮食消费。稻谷是我国口粮消费的主体，占口粮的近60%，消费量每年为3700—3750亿斤，而国际市场大米贸易总量也就是500—600亿斤，仅占我国大米消费量的15%左右，通过国际市场调剂的空间十分有限。此外，世界粮食生产量与消费量并不同步增长。据测算，近十年来全球谷物消费需求增加2200亿公斤，年均增长1.1%；产量增加1000亿公斤，年均增长0.5%。目前，世界谷物库存消费比已接近30年来最低水平。世界主要粮食库存消费比屡创新低，粮食供给紧张状况难以缓解。目前，世界主要产粮国都对粮食出口强化了政治干预。近年来，由于受到自然灾害影响和国际金融危机冲击，一些粮食主产国颁布了粮食出口禁令。尽管以求自保的出口政策无可厚非，但是必然影响全球粮食供求关系，给我国粮食供给造成一定负面影响。在2008年粮食危机中，一些国家不负责任地将粮价上涨的原因主要归于中国等新兴国家消费的增长。如果我国的粮食消费20%依赖进口，我们面临的不仅是巨大的财政压力，而且还有巨大的政治和道义压力，以及保障有效进口的巨大压力。粮食供给坚持立足国内、实现基本自给的方针，不但是关系国计民生的重大决策，也是争取有利国际环境的重要保障。我们必须看到，“粮食武器”已成为个别西方国家控制我国的重要手段。我国加入WTO以后，农产品市场逐步放开，不可避免地受到“粮食武器”的干扰。中国需要养活13亿人口，然而城市扩张和工业扩张加剧了耕地的流失，复合肥料的大量使用造成农业投资生产率下降，还伴有水资源短缺和环境污染加剧等问题。所有这些结合起来，已经足以迫使中国在世界经济中无奈地受限于粮食。基于“谁来养活中国人”的悲观预期，个别国家欲把“粮食武器”作为控制我国的战略选择。跨国粮商加紧在我国的粮食战略上布局，建立上下游完整的粮食产业链，加强从源头到终端的全程控制。我们必须积极应对，多手准备，防范风险，不能受制于人。

三、面对耕地数量递减和淡水资源缺乏的挑战，必须大力发展农业现代化

我国的土地资源是个定量，据有关部门统计，受非农建设占地、农业结构调整、生态退耕和自然灾害损毁等因素影响，我国耕地面积减少到18.26亿亩，人均耕地面积降至1.38亩，仅相当于世界平均水平的40%左右，一些省市人均耕地已低于联合国粮农组织确定的0.8亩警戒线。预计随着工业化、城镇化发展，今后每年大约还要征占农业用地280万亩，耕地面积还将继续减少。粮食生产离不开淡水资源。我国人均淡水资源占有量约为2200立方米，不足世界平均水平的28%，降水时空分布极不均衡，80%的水资源集中在南方地区，每年农业生产缺水200多亿立方米。粮食区域性供求矛盾突出。北京、天津、上海、浙江、广东、福建、海南7个粮食主销区粮食产量占全国粮食总产量的6.3%，粮食缺口达到1100亿斤。同时我国粮食产销形成了北粮南调格局，有数据显示，1991—2007年，河北、内蒙古、辽宁、吉林、黑龙江、山东、河南7个北方主产区粮食产量占全国粮食产量的比重从36.2%上升到43.5%，江苏、安徽、江西、湖北、湖南、四川6个南方主产区粮食产量占全国粮食产量的比重从36.0%下降到31.6%。土地减少，淡水资源缺乏的一大隐患是荒漠化的问题。我国干旱区地域辽阔，是世界上受荒漠化影响最严重的国家之一。全国干旱、半干旱及亚湿润干旱区面积约280万平方公里，占国土面积的29.3%，青藏高原高寒干旱区面积220余万平方公里，占国土面积的23.2%，两者合计占国土面积的52.5%。据国家环保局1997年组织完成的“中国土地退化（荒

漠化）防治国家行动方案预研究”报告，我国各种成因的荒漠化土地面积83.7万平方公里，占国土面积的8.7%。我国还有易受荒漠化影响的土地141万平方公里，其中，易受水蚀荒漠化影响的土地87.5万平方公里，易受风蚀的沙漠化土地53.7万平方公里，总计已经荒漠化和易受荒漠化影响的土地224.7万平方公里。在我国近几十年来土地沙漠化的面积中，因滥采滥伐引起的占28%，过度放牧占20%，滥垦占24%，垦殖后水系改变招致沙漠化的占16%，工矿交通破坏植被导致沙化的占9%，只有一小部分是沙丘前移侵占邻近土地造成的沙化。由此表明，不恰当的经济活动是我国土地沙漠化的最主要和最根本的原因。近年我国的干旱化趋势明显，主要表现为：(1）降雨显著偏少，尤其是春季干旱时间加长；(2）气温偏高，尤其是暖冬使有效积温时间加长，地面蒸发强度增加，干燥度增大；(3）河流断流、湖泊干涸，地下水位下降。中国荒漠化形势十分严峻，荒漠化面积大、分布广、类型多，全国荒漠化土地面积超过262.2万平方公里，占国土总面积的27.3%，其中沙化土地面积为168.9万平方公里，主要分布在西北、华北、东北13个省区市。荒漠化及其引发的土地沙化被称为“地球溃疡症”，危害表现在许多方面，已成为严重制约中国经济社会可持续发展的重大环境问题。新中国成立以来，全国共有1000万公顷的耕地不同程度地沙化，造成粮食损失每年高达30多亿公斤。在风沙危害严重的地区，许多农田因风沙毁种，粮食产量长期低而不稳，群众形象地称为“种一坡，拉一车，打一箩，蒸一锅”。受荒漠化影响，全国40%的耕地在不同程度地退化。根据粮食生产要素的现状分析和远景展望，起主要制约作用的是水土资源、粮食政策和资金投入。由于粮食政策和资金投入是一种可控的人为因素，所以真正制约粮食生产的硬件是水资源和耕地资源。水资源和耕地资源是粮食发展最基础的生产资源，是保障粮食可持续发展的关键。要依法保护耕地和水资源，严格落实基本农田保护条例，坚持最严格的耕地保护制度；按照粮食生产与水资源承载能力相适应的原则，抓好水土保持和生态建设，坚持走节水增产的道路；鉴于粮食政策和粮食价格直接影响农民种粮的机会成本和生产边际曲线，继续实施有利于粮食增产、农民增收的支农政策。通过资源保护和政策激励，提高粮食综合生产能力和农业综合收益，充分调动农民种粮和地方政府重农抓粮两个积极性。大力推进农业现代化，强化农业科技支撑。国内外的经验都证明，除了体制变迁的特殊阶段外，科技进步对粮食增长的贡献始终居于突出地位，成为粮食生产发展的第一推动力。在我国耕地面积有限的情况下，提高粮食单产成为提高产量的唯一途径；而提高粮食单产主要有增加农业要素投入和推动科技进步两种途径，在物质投入边际效益不断下降的情况下，现代科技必然成为粮食增产最重要的战略举措。因此，要加大自主创新力度，加快农业关键技术成果的集成创新，研发具有重要应用价值和自主知识产权、安全可靠的新品种，健全粮食技术推广和服务体系，从而强化农业科技的支撑作用，增强粮食有效供给能力。

四、面对旱涝等自然灾害多发和农田水利发展滞后的挑战，必须加大防灾减灾和水利建设投入

影响粮食安全的因素既有客观自然力，也有人为不及因素。我国是旱涝灾害多发国家，旱涝灾害接近农业成灾的80%以上。要看到，当农田水利设施比较完善且功能发挥正常时，粮食生产

与旱涝灾害之间不具有明确的相关关系；相反，当农田水利设施残缺或功能无法正常发挥时，粮食生产与旱涝灾害之间呈现明显的负相关关系。近20年来，我国因旱灾、涝灾导致的粮食受灾面积占播种面积的比重最高时达44%，最低也达17%；粮食单产与受灾比重弹性系数达到-0.21个百分点。这表明，农田水利尚未充分发挥防涝、抗旱、减灾作用，旱涝灾害已成为我国粮食大面积减产最主要的自然灾害。因此，只有加大农田水利设施建设力度，降低旱涝灾害对粮食生产的不利影响，才能最大限度地确保粮食生产的发展。应当看到，2011年以来，传统丰水省份、稻谷主产区湖南、湖北、江西等地相继发生严重旱灾，仅湖南省受旱农田面积就接近1900万亩，占耕地总面积的31%，进一步暴露出我国农田水利工程仍以预防“水患”为主、抵御“干旱”不足的问题。随着工业化、城镇化进展的加快，粮食生产比较收益逐步降低，资源加速流出农业生产领域，农田水利受工业化、城镇化挤出效应凸显。比如，城市基础设施对农田水利设施投入的相对挤出效应明显。新中国成立以来，我国水利基本建设投资数额大幅增长，到2009年增长307倍，但水利基本建设投资额在全国基本建设投资总额中的比重却显下滑趋势，由新中国成立之初的7.8%，下降到2009年的1.9%，凸显出基础设施增量资本对农田水利设施投入动力不足。再如，农田水力投入的劳动力大幅缩减。农村税费改革后取消了劳动积累工和义务工，劳动力加快从农村流向城市，从农业流向第二、第三产业，农田水利投工投劳量由150亿工日/年锐减至20亿工日/年，降幅达83.3%。还有挤占农业用水问题严重。现有的水库大都是20世纪50—70年代修建的，灌溉是当时水库的最主要功能。随着城市需水量越来越大，水库蓄水成为当前城市用水的重要来源，从而挤占了农业用水。目前，全国一般性年份缺水量近500亿立方米，挤占生态用水 152 亿立方米，超采地下水 215 亿立方米，农业缺水 80% 以上。我国农村地域分布广阔，各地的自然条件和环境不同，对水利设施灌溉的依赖程度也不同，农户对小型水利设施的需求强弱存在着层级性，但难以准确测度，此时简单地实行“谁投资，谁收益，谁付款，谁使用”的农田水利设施市场化供给模式，容易导致农户对水利设施需求与供给之间的不平衡，陷入市场失灵与政府失灵的双重困境。近年来，我国连续发生大面积、区域性旱灾、涝灾，对农业粮食生产影响不可小视，警钟敲响，打好防灾减灾的攻坚战、持久战，已成为我们保障粮食安全的重要课题。

粮食安全是关系民族生存和发展的战略问题

（二炮司令部军研部研究员）杨承军

古人说“民以食为天”，粮食问题不解决好，将直接影响到全人类，当然也包括中华民族的生存和发展，没有了粮食这个最重要的基础，其他一切包括政治、主权、经济和军事斗争也都无从谈起，因此粮食问题可以说是全人类的头等大事。这个议题，抓得非常必要和及时。

一、认识形势，紧迫严峻

影响世界秩序的最大问题，应该说自从国际金融危机之后，就是当前出现的粮食危机和粮价飞涨。2013 年 6 月下旬以来，欧洲小麦期货价格已上涨了近 50%。小麦主要产区俄罗斯、乌克兰、哈萨克斯坦等地出现严重灾情，预期可能减产三成；其他主要小麦产地也大量减产，全球粮食产量大幅度减产已成定局，构成了国际粮价持续上涨，致使在全球和我国爆发粮食危机的可能性增大。这主要体现在八个方面：

（一）世界粮食储备处于历史低水平

目前全球粮食储备只相当于2000年储备的77.5%，相当于1999年和2001年的80.6%和81.3%。尽管2008—2012年的粮食储备有所增加，但总体上处于较低水平，不仅难以缓解当前粮食短缺，更难以应对可能爆发的世界性粮荒。

（二）西方大国操纵国际粮食形势

西方大国使用大量玉米、油菜、棕榈油等粮食作物大力发展生物能源，使原本紧张的自然资源雪上加霜，直接影响了粮食生产，破坏了生态环境；它们的投机资本大量进入粮食期货市场，进一步抬高了粮价，在客观上控制了世人生存的物质基础、生存状态与生存空间。其做法一是开展转基因工程研究，利用大批专利，控制重点粮食品种，如大豆、水稻等大规模农作物和鸡、奶牛等重要家禽产品；二是寻找机会扩大控制，如利用大面积农业灾害（减产或疫情）、战争（如在伊拉克）、债务危机（如在阿根廷），借助某些国际组织以援助为名，强迫别国采用它们的农作物种子；三是利用鼓励创造发明的专利制度，以保护知识产权为借口，强迫征收种子的专利使用费。它们刻意隐瞒转基因种子严重的不良后果，大规模推广未经严格检验的转基因作物，发明不育种子，让农民播种的农作物“断子绝孙”，从而不得不年复一年地向它们“买种”耕作。

（三）俄罗斯“蝴蝶效应”出口禁令波及全球

自俄罗斯禁止粮食出口的消息宣布以来，全球小麦价格被推高了一倍。俄粮食出口量居世界第三位，在国际粮食市场的份额约为13%，因此带来了一系列连锁反应，导致欧洲小麦涨价

12%，美国小麦期货价呈现40年来最凌厉的涨势。

（四）粮食分配与消费的极端不均

发达国家生产的粮食接近全球粮食总产量的一半，年人均消费达700多公斤；而多数发展中国家粮食匮乏，特别是非洲、拉丁美洲和亚洲部分国家，年人均消费不足300公斤，造成了生产与消费的巨大悬殊。

（五）我国粮食安全远虑超过近忧

我国粮食虽然总产量不断提高，但是有限，而人均消费却持续快速增长。2000年至今，已连续12年出现粮食求大于供的局面。目前我国主要通过进口大米、小麦、大豆等来弥补粮食缺口。由于受到自然灾害多、水资源短缺、气候变化等对粮食生产的制约，我国粮食供需将长期处于紧平衡状态。我国粮价从2012年下半年开始增速加快，对外依赖性超过70%，大豆成为撬动物价上涨的关键，进而提升了肉价和食用油价，从而带动了整个CPI上扬。

（六）我国耕地面积不断减少

美国著名学者莱斯特·R. 布朗在其著作《谁来养活中国》中预言："中国农耕地减少的趋势难以避免，至2030年将降到不足人均一亩，因人口增长和粮食产量下降，中国将缺粮2.07亿吨，如果再加上生活水平提高，粮食缺口将高达3.69亿吨。到那时，即使中国有足够的外汇，也没有地方能买到这么多粮食。中国的粮荒将冲击世界，那时谁来养活中国?"其提出的问题发人深省！从1978—2012年间，我国土地耕种面积年均递减0.6%，2003年粮食播种面积下降到9941.04万公顷，建国以来首次少于1亿公顷。我国官方公布的耕地面积是“约15亿亩”，只见耕地不断被鲸吞蚕食，但报上来的统计数字永远是“约15亿亩”，但实际可耕地已不超过9亿亩，人均可耕地是0.6亩左右。我国的土地管理部门近年被查出的腐败官员很多，他们大笔一挥，百亩、千亩甚至数万亩良田就成了商品，从中赚得亿万家产，成为既得利益者，至于以后农民怎么活、粮食会怎样、国家怎么办，他们从不考虑。

（七）围绕粮食问题弄虚作假现象严重

我国1568个县级行政区中，现有666个县人均耕地低于联合国粮农组织确定的0.8亩警戒线。加上目前各地大肆兴起的城镇扩张侵占耕地、乡镇企业占用耕地、非农建设占用耕地、水土流失损失耕地、农民建房占用耕地、各类开发区占用耕地、沙漠入侵耕地，数字是骇人听闻的。国家统计局认为，我国的粮食储备大约1.5亿—2亿吨。其中的问题：一是许多陈化粮已变成酒精了；二是上报的储备粮数字能换来大量国家补贴，因此各地尚有多报储备问题；三是不少地方的粮库实际储备粮并不多，有的已悄悄把粮食卖了，在获得补贴的同时，还可以在下一季收购时低价补仓赚取差价。有人深入豫东、鲁西、苏北等产粮大县做过深入调查，情况属实，令人心惊。

（八）一线农业耕作人员年龄老化

在2013年11月22日中日联合召开的“农业现代化及粮食安全国际论坛”上，日本专家谈到，日本当前干农活的平均年龄为66岁。我国虽然没有精确统计过这些数据，但实际情况也很近似。我国年轻一代当前普遍不喜欢务农，因为我国农业仍然实行的是零散小规模耕种，繁重的体力劳作、收入低下及社会地位不高等，造成了多数中青年农民外出打工，致使人心浮了，耕者少了，土地荒了。

二、造成粮食问题严峻形势的原因分析

对于世界粮食危机，一些西方政客和学者归咎于中国，称造成危机的主要原因是中国人消费的牛肉越来越多，而生产牛肉需要消耗更多的粮食；更有甚者，将“成百万中国人、印度人和非洲人生活水平提高”作为世界粮食价格上涨的重要原因，这当然是掺入政治因素的无端指责。我认为，造成当前世界和我国粮食问题的原因主要有七个方面：

（一）全球粮食供求关系发生变化

全球粮价的持续上涨在一定程度反映了供求关系的深刻变化。从1990年至今的23年来，全球粮食产量只增加了2.3%，而人口增长了10%。据联合国测算，到2030年，全球粮食产量必须提高50%，才能满足因人口增长的需求。为此全球每年必须至少投入150亿到200亿美元到粮食生产，否则将有许多国家将处在粮荒之中。

（二）频发的自然灾害

不断发生的严重自然灾害，造成了粮食生产国家的大幅减产，出口量下降，如澳大利亚连续数年遭受干旱气候，小麦出口锐减，仅2012年出口量就减少了650万吨。同年乌克兰小麦出口也减少了400万吨，孟加拉国因遭受台风袭击，造成大米减产500万吨。

（三）人口增长快于粮食增产速度

目前世界粮食总产量，一直徘徊在18亿吨到20亿吨之间，缺粮最严重的国家，全部都是那些人口增长速度最快的国家。

（四）世界石油价格的上涨

世界石油价格已经突破历史水平，美国、欧盟和巴西等国将大量原本出口的玉米、油菜籽、棕榈油转用于生产生物燃料，在很大程度上改变了这些传统农业出口大国的农业生产格局并降低了出口。美国20%的玉米已被用于生物燃料生产，欧盟65%的油菜籽、东盟35%的棕榈油被用于生物燃料生产，这样做同时也极大提高了农业生产成本，造成农业生产所必需的肥料和柴油价格的上扬以及运输成本的大幅增长。

（五）美联储不断降息导致大量资本投资粮食期货市场

2012年11月以来，已有400多亿美元进入国际农产品期货市场投机炒作。根据亚洲开发银行数据显示，在过去一年内，国际小麦的出口价格上涨了130%、大米价格上涨98%、燕麦价格上扬38%。世界大量的粮食储备被掌握在实力雄厚的国际基金炒家手中。

（六）一些国家加大粮食进口、囤积或限制出口

一些传统粮食进口国，如印度、越南、哈萨克斯坦、俄罗斯、印度尼西亚和菲律宾等40多个国家，它们看到未来世界紧张的粮食形势，不同程度地采取了扩大进口、定量供应或限制出口等措施，加剧了粮食形势恶化和人心惶惶的局面。这样做虽然对其自身在短时间内有一定好处，但在国际上无异于是灾难，将

会进一步促进全球农产品市场的崩溃。

（七）发达国家长期实施的巨额农业补贴

发达国家人为压低国际农产品价格，致使发展中国家的中小粮食生产者和农民不得不放弃农业生产，转而生产其他经济作物，致使许多中小发展中国家的粮食自给能力严重不足，大量依赖进口来维持国内粮食供应。

三、完善法律，强化机制

粮食涉及国家安全，属于影响全局的战略问题，国家应对此引起高度重视，在宏观和战略层面尽快完善相关法律法规，强化领导和管理机制。当前应重点抓好五个方面：

（一）深入调查，掌握情况

多年来，国家相关部门多是依据各地统计上报的可耕地数目和水分甚多的粮食数字进行统计，加之多年存在的报喜不报忧问题，造成了国家机关并没有准确掌握农业和粮食问题的许多真实情况，有些与现实差别巨大，特别是至今还没有形成应对涉粮意外突发事件的规划、机制和手段。建议国务院相关部门深入调研相关问题，切实搞清对粮食进口依赖的情况，弄清粮食未来进口渠道和持续提供能力及可能性；切实弄清实际耕地面积、真实产量、储存水平、应急能力等。

（二）确立粮食发展战略目标

我国农业振兴的目标是人民富裕，粮食安全的目标是保障生存，二者追求的战略目标是一致的。我们应提出并确立“扩大耕地，增产增收，改善条件，增加储备”的粮食发展战略和目标，并制定相应的时间表和路线图。扩大耕地，通过限制工业用地、杜绝无限制地占用耕地，逐步恢复实现并逐步增加耕用土地，通过15年左右的努力，通过开垦挖潜、治理沙漠、山区垦荒和退占还地等多种举措，逐步实现联合国提出的人均耕用土地不少于0.8亩的目标；增产增收，杜绝各种形式的浪费，把增产的粮食真正收入粮库；改善条件，就是改善粮食加工、贮存手段和条件，使之增加保存年限；增加储备，是指国家粮库的贮存量应保持一定基数并留有一定富余，有能力应对严重自然灾害和战争情况的出现。

（三）完善相关法律法规

围绕提高农业地位、提升农民形象和耕种效益问题，进一步完善国家相关政策和法律法规；努力调动农民积极性，使农民成为有尊严、有文化、高素质、高收入的国家主人；适度提高粮价，使务农效益不断提升，因为任何低价位行业都不可能从根本上提高其产业地位。

（四）强化粮食管理机制和手段

淘汰陈旧落后的管理机制和办法，完善现行粮食管理机制，减少中间管理环节和相关行政机构；充分运用现代信息手段，在粮食管理部门和行业发展网络、视频技术手段，实行科学化、定量化的实时监测和管理。

（五）加大对农业的投入

我们西部大开发的口号喊了20多年，但至今东西部差别不仅没有缩小反而进一步增大，究其原因，主要是停留在口头上多，而实际投入、放宽政策很少。国家应有计划地大幅增加对农业的投入，特别是对基础设施、水利及农村交通方面的投入，增强抵御旱、涝、风、地震等自然灾害的能力，提高农业的现代化规模化程度，形成现代企业和机械化农业的产业制度。

四、积极调控，增收多储

为缓解全球粮食危机、应对高粮价和解决饥饿问题，近年来国际组织多次商量对策，呼吁国际社会加快加大对贫困国家的粮食援助，促使相关国家和饥饿群体摆脱严重缺粮困境。针对我国实际，我们应在策略层面抓好调控，在具体操作上贯彻国家的粮食政策，竭力避免发生粮食危机问题。

（一）树立信心，以防为主

国家发改委前不久称，我国全部储粮是5000亿斤（2.5亿吨），约占全国全年粮食消费的一半，比起全世界粮食库存占年消费的比重17%要高出一倍以上，“中国完全有能力保障粮食安全”。水稻专家袁隆平在“两会”期间也谈到，我国的粮食储备是充足的，但要查实存在的粮库虚报问题。我们应对国家粮食形势及保障能力树立信心，防止因此造成社会动荡和发生不稳定事件。

（二）加强粮食宏观调控

国际市场的粮价疯涨，不断敲打着我国粮食的价格底线，东南亚米价飞涨已影响到我国南方大部地区，铁道部为此紧急启动了“北粮南运”计划，从东北调运了1000万吨粮食以平抑稻米价格。类似这样的做法应该坚持，通过国家统一实施的调控，达到稳定社会、平抑粮价的效果。

（三）确保增产增收、精细管理

在粮食增产年份，各级农业部门应组织好收割、加工、晾晒、入库的每一个环节；投入资金扩大和改善现有储粮条件，使之能够有效延长储存有效期；开展粮食科研，组织好粮食产品的深加工，以利于延长储存时间。

（四）适度提高粮价

专家认为，解决粮食危机的首选是回归市场提高粮价。市场价格的浮动，并不仅仅因为销售商在中间的垄断，而是基于产出总量和产出成本。统计单位鼓吹的经济总量，虚假成分太多，审计部门也早已乏力和司空见惯。市场自发调控能力在多种行政、商化力量作用下显得分外微弱。因而我国出现了世界独一无二的“蒜你狠”、“姜你军”等新名词和不正常现象。让农副产品价格适度增长，有利于使价格体系更趋合理，有利于提高农业在国民经济中的比重和地位，也有利于提高农民种粮的积极性。

（五）开展更加广泛的国际合作

积极引进国外先进的农业管理思想、农机技术、储存方式等；在公平合理的前提下，向友好的发展中国家提供先进种植方法、农业机械和优良品种，为提高它们的粮食产量、改善粮食品种作出努力。

（六）军队应为避免发生粮食危机积极作为

军队是维护国家安全的基石，应从搞好自身粮食使用及管理、维护国家战备粮库安全、提高应对涉粮意外突发事件能力等方面做好工作，为避免国家发生粮食危机作出贡献。

绿色转型是保障粮食安全的根本出路

（新华社世界问题研究中心研究员）杨元华

最近召开的中央经济工作会议提出了 2014 年经济工作的总体要求和主要任务，把切实保障国家粮食安全放在六项任务的首位，指出“保障粮食安全难度加大”，并提出了“以我为主、立足国内、确保产能、适度进口、科技支撑的国家粮食安全战略”，颇有深意。实施这项战略要围绕提高粮食经济质量和效益这个中心，其中，确保产能是这项综合战略的重点。

一、跳出粮食问题看粮食问题

粮食问题实际上是粮食经济问题，也是农业问题，关乎人类生存发展和国家安全和稳定的根本问题。安全是资源环境可持续发展的核心，粮食安全不是字面上的自给自足，而是一种战略考量。

随着经济全球化、工业化、现代化进程不断深入发展，粮食问题已成为全球性问题、战略问题，涉及政治、经济、环境、资源、金融等领域的方方面面，因此要跳出粮食问题看粮食问题，把握好四个观点：第一，要从更高更深更宽的角度去认识、把握和应对粮食问题，不能就粮食问题谈粮食问题，它不是孤立的问题而独立存在，仅仅从产量、供给等层面去分析和判断就不能全面反映粮食安全形势。更重要的是应把它放在时代变革和经济转型中来保障粮食安全。第二，要尊重科学，尊重规律，立足国情。违背科学、违背规律、脱离国情就会导致粮食危机，甚至会导致人类难以挽回的灾难和国家动荡。同时讲科学、讲规律也要与时俱进，要用变革的理念，紧紧抓住改革创新的时代主题，把改革创新作为保障粮食安全的驱动力。第三，要顺应绿色转型时代的潮流，转变发展方式，调整经济结构，大力发展绿色经济，才能实现粮食生产的可持续发展，保障粮食安全。第四，要认清现状，把握趋势，更要有危机意识，要有问题意识，要坚持在时代转型中推动粮食经济的转型。习总书记强调指出："要有强烈的问题意识，要以重大问题为导向，抓住关键问题，进一步研究思考，着力推动解决我国发展面临的一系列突出矛盾和问题。"这就要求我们及时自觉发现问题，找问题，分析问题，解决问题，看不到问题就是最大的问题。

粮食是支持人类经济社会发展的支柱，关系到国计民生，环境保护，也关系到世界和地区的和平与稳定，是影响世界经济发展和国家安全的关键因素。从金融层面来说，发展绿色经济与金融密切相关，要加强金融投入，增加补贴，建立绿色金融政策，充分利用社会力量，来支持绿色农业发展，创建不同层次的农业发展基金。从方法论的角度看，发展绿色粮食经济和保障粮食安全的进程不等于一切方面都高歌猛进，而是充满着各种利益关系的再调整和权力结构的变化，要拆除利益藩篱，其难度可想而知。同时粮食期货是影响大宗商品市场的金融产品。

随着全球化、现代化、城镇化和信息化趋势的不断发展，粮食形势离不开世界政治、经济形势的变化。从全球视角看，当前影响和决定粮食未来走势的有三个重要因素：一是世界政治格局、经济格局、农业格局的变化；二是金融变革和资金投入的变化；三是绿色粮食、绿色农业革命。

二、守住耕地“红线”，加快修复土壤

当前，守住 18 亿亩耕地“红线”是我国在土地资源利用及农业发展方面的一项基本战略。然而，守住 18 亿亩耕地“红线”除了面临城市化进程加快与建设用地需求扩张的压力外，还必须面对来自土地本身的退化威胁。土壤的盐碱化、沙漠化、污染化速度加快，使得原有肥沃土壤也会变成贫瘠土壤甚至死亡土壤。

随着国内外环境的变化，我国粮食安全面临的挑战前所未有，危机风险叠加，任务非常艰巨。粮食安全的空间不是在扩大，而是在变窄。粮食经济发展的潜力充满了不确定性、不稳定性和风险性。

中央经济工作会议指出，要抓好粮食安全保障能力建设，加强农业基础设施建设，加快农业科技进步。2013 年我国粮食实现了第十年连续增长，总产量达 6 亿多吨，但这并没有改变我国“丰年缺粮”和进口比例不断提高的尴尬生态。全球粮食形势的严峻现实表明，世界和中国在粮食生产、供应、流通、消费和安全方面都面临严峻的挑战。生产粮食的要素如土地、水资源等紧缺和污染严重制约粮食经济的可持续发展，反映了当前粮食安全问题正面临着严峻的挑战。近几十年来，粮食危机频繁发生，而且始终伴随着国际政治与经济发展的全过程。

粮食生产有五个要素：土地、水资源、种子、肥料和气候。其中土地处于十分重要的突出地位，它与其他四个要素密切相关，相互影响、相互制约。土地是农业产业链中的源头，是国家粮食安全和农业持续发展的基础。从产量方面来说，当前我国保障粮食供给的土地资源压力越来越大，对粮食产量和质量的威胁也越来越大，还有极端天气频繁、农村劳力的减少、种粮积极性低下和城镇化发展进程的压力增加等。当前，我国农业生产存在着三个过度依赖症：（1）过度依赖化肥农药；（2）过度依赖进口；（3）过度依赖资源、劳动力、环境的高投入。这种不科学的发展模式理念和基础设施建设滞后已使粮食安全的发展空间受到严重制约。因此，必须重视守住和提高 18 亿亩耕地数量和质量的“红线”，同时修复土壤刻不容缓。

农业部长韩长赋最近指出，促进农业的可持续发展是今后的必然选择，第一要保护好耕地，同时建设高标准农田；第二是搞节水农业、旱作技术的推广；第三是加强环境保护，包括减少面源污染，推广节本增效技术，科学使用化肥，减少农药使用，推进畜牧业规模化养殖和粪便的资源化利用等；第四是加强农业后备资源保护，不要轻易开垦，存得方寸地，留与子孙耕。

随着我国现代化的发展，农业污染特别是土壤环境污染问题已越来越突出。数据统计显示，我国目前受重金属污染的耕地多达 2000 万公顷以上，受农药和其他化学品污染的农田约 6000 多万公顷；全国有盐碱地及荒沙地 15 亿亩，这些数字还在不断扩大。中国农业科学院研究员逄焕成指出，中国 18 亿亩的耕地总量中，约有 1 亿亩是盐碱耕地，高产田仅占 18 亿亩耕地总量的 1/3 左右。不仅如此，我国盐碱地总量每年还在以 3% 的速度增长。

专家指出，修复耕地关键要抓耕地质量和水质。由于大量使用化肥及缺乏必要的保护土壤意识，我国土壤正在遭受前所未有的不同程度上的破坏和污染，这种破坏与污染已经超出自然界的自净化能力，使生态环境进入恶性循环的怪圈。曾经被称作肥得流油的黑土地难再寻觅，内蒙古草场退化，海南橡胶林土质退化使橡胶产量遭到毁灭性打击。

我国东北地区黑土区土壤有机质含量已由开发初期的5%—8%，降到1%—4%，现在还在以每年千分之一的速度下降。水利部的统计也显示，东北平原耕地黑土层已由开垦初期的80—100 厘米下降到20—30 厘米，每年流失的黑土层厚度为1 厘米左右，而形成这一厚度的黑土大约需要三四百年时间，流失速度数百倍于成土速度、水土流失、土壤退化，使黑土地单位面积产量大大低于初垦时的水平。

三、修复水资源不容忽视

我国水资源紧缺使得我们面临着前所未有的水危机，它不但会使我们的粮食安全受到威胁，经济发展难以维持，而且会使生态环境趋于恶化甚至崩溃。随着经济快速增长，各种自然资源被大规模开采，超出资源和环境容量的承载力，造成大面积的植被被破坏，大量尾矿排入水系，各种工业废水和城市生活污水不加节制的排放，加速了各大水系的富营养化和各种重金属污染事件的发生。1949 年，我国全部循环利用农家肥和城市粪尿，而2011 年，全国化肥用量达到6027 万吨，而真正被利用的化肥量不足35%，65%的化肥都进入农田径流中，形成面污染。因此，我国需要大力加强生态系统的修复和系统净化能力的提高。

中国水资源总量仅占世界总量的6%，却需要养育世界20%

的人口。中国人均水资源占有量仅为世界平均值的28%，单位耕地的水资源量为世界平均值的70%。

除了总量小、人均占有量低，中国水资源的时空分布也很不均衡，水资源与人口、耕地分布不相匹配。北方地区人口占全国的45%，耕地面积占65%，但水资源仅占19%，而且全年约60%到80%的径流量都集中在汛期的3—4个月内。时空分布的不均匀使得水资源开发利用更为困难，水资源可利用量仅达到水资源总量的30%左右。

中国目前已成为世界用水第一大国，但由于农业灌溉效率低、单位工业耗水量大，加之人口多，用水总量已近枯竭。据推测，中国水资源的总可用量为8000亿立方米，现状用量已达到6000亿立方米，而用水量还在逐年增加，预计到2025年人口达到16亿，用水量将达到8000亿立方米的饱和水平。

中国的水资源污染严重。全国地表水污染依然较严重，七大水系水质总体为中度污染，湖泊富营养化问题突出；地下水质总体较好，部分地区水质恶化。另外，近岸海域水质总体为轻度污染。

从河流来看，据对200条河流、409个断面的检测，一至三类、四至五类和劣五类水质的断面比例分别为55.0%、24.2%和20.8%。其中，珠江、长江总体良好，松花江为轻度污染，黄河、淮河、辽河为中度污染，海河为重度污染。淮河这条承载了全国1/6人口的第三大河流正陷入严重的生态危机，其60%的水沦为劣五类水质，直接影响到了1.3亿居民的生活。

从湖泊来看，28个国家重点湖（库）中，四类占21.4%，五类占17.9%，劣类占39.3%。其中，太湖、滇池、巢湖三大湖水质总体为劣五类，总体处于中度富营养状态。

全国政协委员、中国科学院可持续发展战略研究组首席科学家牛文元发出警告：中国经济成长的 GDP 中，至少有 18% 是依靠资源和生态环境的“透支”获得的。

四、绿色转型是保障粮食安全的根本出路

人类正在走向绿色经济时代。绿色农业是绿色经济的基本保证，技术进步是绿色经济的关键，循环利用是绿色经济的有效方法，可持续发展是绿色经济的根本方向，最终建立一个绿色经济体系。

在以粮食安全为核心的农业安全转型中正在面临的五大转型：农业社会向工业社会、现代社会转型；计划经济向市场经济转型；封闭型农业向开放型农业转型；粗放型农业向集约精细型农业转型；低效污染性农业向高效清洁型农业转型。

绿色转型是一项系统工程，也是一场农业革命。发展绿色经济是一个复杂而巨大的系统工程，这个大系统由政治、经济、社会、文化、生态等子系统组成。这些子系统之间又有着巨大的关联性，并不断互相影响。要从这些子系统互相作用的层面去观察研究和发展绿色经济。绿色经济是由许多要素、层次、方面构成的复杂系统。需要进一步发挥整体合力和各领域的优势。所谓系统工程，就是要抓住源头、抓流程、抓终端，要考虑绿色革命的成本，要考虑经济发展的周期。农业部专家说，绿色革命就是资源高效，剩余物、废弃物高效利用，环境友好，不能单纯考虑某一个行业的经济效益，要超越现有的机制、地域、国家和行业的范畴，要将社会效益、经济效益和环境效益综合考虑，要培育良好的市场环境、筹融资环境和科技创新环境。要实现如此庞大的系统工程，就需要进行观念创新、理论创新、制度创新、技术创

新，实行资源的再利用，这是人类生存和可持续发展的唯一出路。

五、抓好农业科技创新和推广能力建设

我国正处于加速实现工业化、城镇化过程，我们已没有发达国家工业化初期那种充裕的资源和环境条件，群众对良好环境的期盼越来越高，环境资源问题日益突出，已成为制约全面建设小康社会的瓶颈。发展绿色技术是当前迫切需要解决的问题。

绿色发展需要技术支撑，技术支撑是国家粮食战略的重要组成部分，绿色粮食经济发展需要有三大基础支撑：一是循环技术，就是针对传统产业、针对资源利用实现高效、多层次利用；二是低碳技术，通过节能减排来支撑粮食经济发展。中国在低碳技术方面还有很大的潜力，研究表明，中国的二氧化碳排放强度是2.4公斤/美元，在发达国家是0.2—0.4公斤/美元，同时通过结构调整还有很大的发展空间；三是生态技术，绿色发展必须由生态作为基础，中国人口多，资源相对比较匮乏，生态环境必须要有相应的保护和投入。生态对我们生活的回报是隐形的，它不能用某一个产品的价值衡量，它是一种社会价值，注重的是民生问题、生活质量和生态平衡。

中央多次提出要推广能力建设，但至今效果甚微。究其原因是研究和应用严重脱节，具体来讲，第一个原因就是许多技术可行而经济不可行，成本高的问题；第二个原因是许多技术是技术可行，而系统不可行，行业和行业之间没有互通的机制和整体的协调，要发挥集成技术的整合优势，包括循环、低碳和生态技术。建立高效清洁利用资源和保护环境，保障农产品质量安全的

综合体系需要采用集成创新思路，构建有效的技术体系，以实现相互独立又互不影响的科技成果对接、聚合而产生的创新。技术创新的主攻方向不仅是为了劳动生产率和提高金融资本生产率，而且要着重提升自然资源生产率，这是观念上的一个大转变，也是我国保障粮食安全的重要途径；第三个原因是技术转让机制尚未建立，政府和市场定位没有完全定好；第四个原因是金融服务不足，光为了赚钱，要把单纯的商业银行转化为民生银行。同时我国风险资本的发展严重滞后于经济和技术的发展；第五个原因是缺乏有权威性、科学性的价值评估体系。

六、土壤退化背后的原因

土壤退化正在使我国实际可耕作用地数量减少。我国农业是应对灾害最脆弱的产业，受环境污染、灾害和气候变化的影响最大。气象灾害频发重发、水资源短缺、农业病虫害加重、土壤退化等给农业生产造成了严重损失。一些地方虽然也试图用滩涂造田，但新造之田至少要培育数年才可成良田。上届全国政协委员林嘉騋透露，虽然 18 亿亩耕地数字总量尚可维持，“但实际参与统计的耕地每年都在变化，有些因城建开发而被占用，也有些是新增添进来或新‘造’耕地，而土壤整体的产能则在下降”。

据综合分析，土壤生态退化的原因主要来自三方面：一是农民自身的不当农作，如污水灌溉、大面积使用化学农药、过量使用化学肥料等，致使土壤被污染，土壤养分被破坏或过度消耗；二是政府部门对于土壤退化的问题重视程度不够，未能及时发现问题，并进行科学有效引导；三是农业生态科技特别是针对土壤改良的真正有效的科技成果未能大规模推广并转化成生产力，而人为的不当治理也使得土壤改良虽投入不少，但效果甚微，甚至有反作用。中国农业科学院研究员、博导周卫就曾表示：“改造了多少年，盐碱地还依然是盐碱地。”

当前，我国在耕地问题上透支现象突出。耕地被占用、耕地养分流失、为了增产而大量使用化肥，致使耕地和水资源质量下降，严重影响农业发展。农业发展的观念更存在一定的误区。重开发、重索取、轻保护、片面追求某项指标而忽略整体性生态系统理念和标准这一过时的传统观念，只顾眼前不顾长远，不符合农业可持续发展的需要，更与科学发展观背道而驰。

我国大片土地的活性养分不平衡，农药、化肥又成为传统农业生产的必需品，导致土地环境恶化，有害微生物和病虫害频发，活性养分不断下降。统计数字表明，我国农田表层土壤的有机碳含量普遍比欧美国家低约30%。而含有农田土壤必需的有机碳养分的秸秆等农业剩余物和农家肥却没有高效利用，大量使用化学农药来稳产、增产，其结果使耕地酸化、退化、污染化日趋严重，土壤失去活力。中国工程院院士倪维斗说：“我国现在的化肥系统40年没有变化，主要就是尿素加合成氨，导致田间过度施‘肥’成为我国一大污染源。”

七、修复土壤的思路

传统农业向绿色农业转型是世界农业发展的主要趋势。发展绿色农业是一项系统工程。要搞好这项系统工程，必须先抓源头，源头是根本，而这个源头就是土壤。土壤的治理与改良将带来一场深刻的农业革命。这是将实现“增产、减排和治污”三位一体的新工程，首先必须在观念上有革命性的转变。绿色农业的发展必须把保住和提高耕地质量与环境保护、可持续发展、循环经济、节资减排、提高效率相结合。要学习和实施科学发展观，制定综合治理的政策，让资金、机制、技术在发展绿色农业中充分发挥其有效功能。在发展绿色农业时，还要以世界经济、科技发展与规划理念同步发展，树立整体生态理念。

农业的可持续发展，是人类实现现代化过程中出现的新课题，也是关键问题。绿色农业必须实现农业与自然、经济、环境、社会四个子系统的相互协调和持续发展。绿色农业是个综合系统，不仅要建立农业生产上的法律法规，也要树立道德农业经济观念。英国在使用土地方面，明确规定不能使用耕地，而我国在这方面法律法规的执行力有待加强。

在推动农业发展的过程中，政府应起到指导性作用，同时也要充分发挥民间科技与社会资本的力量，支持民间科技和社会资本下乡，并要给予民间技术投入及资金投入等以充分的回报。在推广农业科技项目时，可以由点到面逐步推广，并因地制宜。从这个意义上说，科技下乡具有巨大的发展空间与潜力，对于提高农民收入，发展现代农业或绿色农业具有不可低估的关键作用。而且通过科技下乡还可以培养农民的科技意识，从而在具体实践中逐步恢复土地生命力，激活土地中的生命因子，修复和重建土地生命系统。

现代农业、绿色农业，不仅要追求产量目标，而且要追求高的质量目标；从经济角度看，不仅要追求高效益，而且要追求较多的社会效益；从生态角度看，要追求环境的保护、生态的和谐和可持续发展。

建设现代农业，必须实现土地、农具、种子等生产资料的设施化、机械化、自动化、有机化、水利化。它的管理模式不是粗放管理，而是精细管理，实行一体化经营，讲求产供销、产前产后、上下游统筹规划设计，并对农田质量、种子、肥料、水质等要素规定量化标准和检测指标，以及建立严格的检查和监督机制。在农业生产的源头、流程、终端全过程要以科学技术做支撑，以政策法规为导向，以市场化、产业化为方向，从而达到农业产品和废弃物循环利用、环境保护、农民致富、生态平衡等多元的综合目标。

八、几点建议

第一，对全国耕地土壤进行普查，并采取措施，扭转农田土壤有机碳含量普遍下降的趋势，充分利用有机垃圾、秸秆、堆肥等农业废弃物，推广使用生物肥料，逐步减少使用有害的化学肥料。

第二，充分重视和利用来自民间的草根科技的创新成果，支持并大力推进科技下乡、资金下乡，并给予相应回报。

第三，因地制宜，治理荒漠化土地、盐碱地、缺乏碳养分的贫瘠地等不同类型、不同种类的土地，采取不同的修复土壤方法和使用不同配方的土壤改良剂，由点及面地进行土壤改良试点，力求取得最佳效果。

第四，统筹中央政府、地方政府、乡镇村庄、民间力量，进行土壤治理与改良，从观念上率先革新，树立生态农业、绿色农业的理念，建立健全农业生产法律法规，树立道德农业经济观念。

第五，对于农业科技创新需加强知识产权保护。

第六，农业生态科技及土壤改良技术要搞市场化、产业化，同时应借鉴日本等国的经验，并加强国际合作。

第七，利用微生物把有机废弃物及生活垃圾变成堆肥，变废为宝。

创新思维，挖掘粮食生产潜能

（解放军防化学院军队政工教研室副主任）魏　维

一、我国粮食安全面临的威胁

（一）消费需求呈刚性增长，粮食自给率呈下降趋势

随着人口持续增加和人民生活水平提高导致的粮食消费结构的升级，以及工业化、城镇化快速推进，我国粮食消费需求将呈刚性增长，虽然粮食总产量每年都有提升，连续十年增产，2013年突破6亿吨，但我国的粮食需求总量高于产量，粮食进口量屡创新高。在2011年以前，我国仅允许进口少量的优质大米和小麦，而玉米的进口量几乎为零。但从2011年开始，我国在三大谷物小麦、大米和玉米上都成为净进口的国家。2012年粮食进口量已超过7000万吨，粮食自给率已经下降到90%以下，突破了我国政府在1996年制定的粮食自给率需保持在95%以上的政策“红线”。根据2013年6月联合国粮农组织（FAO）和经合组织（OECD）联合发布的年度农业展望报告，未来十年中国将更加依赖粮食进口。

（二）全球粮食供应明显不足，“有钱无处买”不是伪命题

在过去十年的大部分时间里，全球粮食消费量一直高于产量，供不足需仍是未来全球粮食供需长期存在的矛盾。据FAO预测，未来40年里，粮食需求每年上升2%—3%，全球粮食产量需要增加70%。与此同时，全球还会因为人口不断增长、耕地面积日益减少以及气候变化带来的自然灾害频发等因素导致粮食产量下降。如2012年极端天气过多导致全球谷物年产量大幅下降2.7%，其中小麦较2011年下降5.5%，玉米减产2.5%。多轮国际粮价上涨的结果和2010年以来的情况都表明，粮食出口国一旦国内供应趋紧，势必限制出口，粮食不可能成为真正自由贸易的商品。虽然我国进口粮食占国内需求的11%，但在国际粮食贸易中所占份额极大，正如大型农业综合产业贷款银行荷兰合作银行分析师撰文称，“中国自给自足的能力稍有降低都会带来大量贸易。即使中国只进口5%的玉米，也相当于全球1/3到一半的玉米贸易。”如果我国粮食生产不足，必须依赖进口解决，一旦国际市场上无粮可买，或西方掐断对我国的粮食供应，就会像习主席所说：“一旦发生大饥荒，有钱也没用。”

二、影响我国粮食产量的主要因素

（一）耕地面积减少

随着我国近几年城镇化进程的加速，房地产用地和企业用地不断扩张，耕地一再受到侵蚀。据国土部发布的调查数据，截至2011年12月31日，全国耕地保有量为18.2476亿亩。我国人均耕地面积由十多年前的1.58亩减少到1.38亩，仅为世界平均水

平的40%。18亿亩耕地红线岌岌可危。

(二) 水资源缺乏

我国粮食生产面临水资源短缺的严峻形势。我国的“水”存在两大主要问题：一是水资源短缺，二是水污染严重。有资料显示，我国是一个缺水严重的国家，人均淡水资源仅为世界平均水平的1/4，在世界上名列110位，是全球人均水资源最贫乏的国家之一。人均可利用水资源量仅900立方米，并且分布极不均衡。农业用水量约3600亿立方米，目前全国农田灌溉面积9.05亿亩，灌溉用水缺口300多亿立方米，我国农业用水严重短缺，用水利用率比发达国家低20个百分点。根据国家水资源发展规划，未来15年农业可用水量将维持零增长。随着全球气候变暖，干旱缺水对农业生产的威胁越来越大，旱情已成为影响粮食和农业生产发展的常态。近十年来，我国平均每年旱灾发生面积4亿亩左右，是20世纪50年代的两倍以上，平均每年成灾面积2亿多亩，因旱损失粮食600亿斤以上。

(三) 农村劳动力人口减少

近年来，越来越多的农村年轻劳动力涌入城市，从事农业劳动多为五六十岁的老人，随着时间的推移，这些人的年龄越来越大，终有干不动农活的那一天，同时，新生代农民工多数不愿再回乡务农。2010年，深圳市总工会就曾做过一项新生代农民工生存状况调查，5000份调查问卷的结果显示：43.8%的新生代明确表示想长期留在城市，99%的人不愿将来再回乡务农。新生代农民断档，农业生产的劳动力梯队“老人化”趋势，也是影响我国未来粮食产量的一个隐患。

（四）农田生态环境恶化

我国土壤污染呈日趋加剧的态势，农业污染源、生活污染物和工业污染物导致我国大量农田被污染，农田生态环境严重恶化。我国农药使用量达 130 万吨，是世界平均水平的 2.5 倍。据测算，每年大量使用的农药仅有 0.1% 左右可以作用于目标病虫，99.9% 的农药则进入生态系统，造成大量土壤重金属污染和激素等的有机污染。工矿企业也是主要污染源。由于在同一个地区进行粮食生产和采矿，“粮食与矿产复合产区”的农地污染严重。如湘赣等 11 省份耕地遭镉污染。另据不完全统计，近年来广东受工业“三废”污染且造成减产的农田面积达 77.6 万亩，其中有 1.15 万亩农田因严重污染抛荒或改变用途。有调查显示，我国受重金属污染的耕地面积已达 2000 万公顷，占全国总耕地面积的 1/6。污染的加剧导致土壤中的有益菌大量减少，土壤质量下降，自净能力减弱，影响农作物的产量与品质，危害人体健康。

三、确保我国粮食安全的对策

西方运用“粮食武器”对付中国，必须有两个前提条件：一是我国粮食大规模减产，无法自给；二是世界粮食短缺，中国有钱也没处买。为了能做到习主席说的“粮食安全要靠自己”，我们可以采取以下措施：

（一）加大研发推广杂交技术，提高粮食产量

在中国城镇化进程中，既然耕地面积和农业人口不可能扩

大，要想提高主粮的产量，就得靠农业技术，在种子上下功夫。鉴于转基因技术可能具有安全隐患，还需经过长期的试验与观察，不能不负责任地急着把主粮转基因化。相较转基因技术，袁隆平的水稻杂交育种技术比较稳妥，经过不断的技术突破和多年实践，2013 年，超级稻亩产达到 988 公斤，不仅创百亩连片平均亩产最新世界纪录，还为全面实现亩产 1000 公斤目标作出了很好的理论探索。2012 年，我国超级稻推广面积达 1.21 亿亩，每亩增产 60 公斤以上，带动了全国水稻单产和总产再上新台阶。我国现有 4.5 亿亩的水稻种植面积，如果每年推广超级水稻 1 亿亩，每亩就算增产 150 公斤的话，一年就可以增产 150 亿公斤。这相当于一个中等省的全年的粮食产量，可以供养 4000 万人口。

作为仅次于小麦的主要粮食作物，玉米在我国的种植面积和产量居秋粮作物之首。在我国现有的耕地中，玉米耕种面积约占耕地面积的 1/5，总产量约占粮食总产量的 25% 以上。虽然我国玉米的播种面积和产量都处于世界第二位，但玉米单产同世界其他农业发达国家相比仍处于中游水平，未来我国播种面积扩大的可能性较小。现在玉米已发展成为供作饲料为主的粮、经、饲兼用作物，我国对玉米的消费需求日益上升。因此，依靠农业科技，尤其是杂交技术努力提高玉米单产也是我国未来玉米生产的主要趋势。

（二）充分挖掘粮食生产的潜能

尽管我国人口多、耕地少、水资源匮乏，但仍具有挖掘粮食生产潜能的空间。对此，以色列的农业发展模式为我们做了很好的示范。以色列的人均耕地面积比我国还少，其人均水资源仅相当于我国的 1/8，而且大部分国土是山地和沙漠。在过去的 50 年中，以色列的人口增长了 10 倍，但以色列依靠农业技术使农产品总量翻了15倍！法宝就是秉承资源节约理念，不断提高农业效益。以色列没有充足的淡水资源，就创造了喷灌和滴灌技术，农业水的利用率目前已经达到90%以上，是世界平均水平的三倍多；没有优良的土壤，就创造了无土栽培技术；没有适宜作物生长的夏季，就研发出了光热网膜技术等。我国幅员辽阔，自然资源分布不平衡，这一点和以色列很相似。我们完全可以在广袤的西部和高寒地区利用充足的太阳能、风能、无污染的环境和现代化的栽培设施来实现环境和谐的可持续农业发展模式，也可以利用节水灌溉和高效水肥利用技术让西部沙漠变成绿洲。

当然，以色列农业的高速发展离不开国家层面的高度重视，据以色列《国土报》2012年4月17日报道，由于担心21世纪中叶发生全球粮食危机，以色列农业部牵头成立了一个部际委员会，研究应对粮食危机的策略。

（三）堵住粮食储备管理的漏洞

粮食是一种特殊的商品，在灾荒、战争年代，粮食甚至又是一种“武器”，粮食储备是粮食宏观调控最直接、最有效的手段之一，在关键时刻，要依靠粮食储备来平抑市场，满足供应。现在，我国的粮食储备管理存在很多漏洞，比如，管理者的贪污腐化、基础设施不达标、仓储条件落后、储备粮管理不善等等。2013年中储粮所属黑龙江林甸直属库的一场大火，不仅损失了约1000吨粮食，也让我国粮食储备的诸多问题浮出水面。

对此，我们应当加强对粮食储备的管理，堵住各种粮食储备的漏洞，加强储备设施的建设，运用突击检查等手段加强管理，最终使粮食储备能在关键时刻发挥其应有的作用。

（四）加大种植适应恶劣环境且产量超高的粮食作物缓解粮食危机

尽管我们可以运用农业技术，不断挖掘粮食生产的潜能，但让粮食大幅度增产的难度会越来越大。从长远来看，人口增加、耕地面积减少以及自然灾害等因素将使全球粮食趋于短缺，我们必须找到最根本的办法来应对突发性的粮食危机。应加大种植适应恶劣环境且产量超高的粮食作物来应对粮食短缺的局面。这一点可以向朝鲜学习。朝鲜可耕地比例低，其国土面积虽然有12万平方公里，但可用于耕种的土地只有18%，这个比例在世界上也是最低的之一。朝鲜从1990年后期开始遭遇粮食紧缺危机，为应对饥荒，朝鲜政府采取了土豆政策，积极开发大量生产土豆的技术。土豆，这种成熟期短、产量高且稳定的食物，确实能在困难时期粮食供应不足时帮助朝鲜渡过难关。

土豆原产南美洲安第斯山高山区、我国的西南山区，西北和北方一些区，接近其原产地的气候条件。经过多年的人工选择，已有早、中、晚熟期不同的土豆品种类型，可在多种气候条件下种植，尤其能在水稻生长不了的高寒地区生长。土豆生长周期短（一般三个月就能种好，温室种植仅需一个半月）、产量高（亩产最高可超过1万斤）、营养全面、价值高、耐贮存、淀粉还可以通过食品加工技术制成人们喜欢吃的食品。土豆真可称得上是粮食中的“核武器”。

因此，我们可以从现在开始把土豆种植作为一项增加粮食产量的战略措施，做好土地勘查、育种、种植技术、种植设施和后加工等一系列完备的体系建设，此举将极大增加我国的粮食安全系数。

（五）生物技术突破，实现农业生产工业化

随着生活水平的提高，人们对肉食的依赖日益加深。我国“十一五”期间，全国肉产量五年间增长了14.2%，年均增加200多万吨。由于畜牧业的规模养殖，我国饲料用粮递增速度已明显高于粮食总产量的递增速度。2010年饲料用粮比2005年增加700多亿斤，增长了20%以上，约占国内粮食消费增加量的2/3以上。据专家测算，随着食物结构的改变和畜牧业规模化比例提高，到2020年以满足16亿人对畜禽产品需求为目标，饲料粮需求将可能增加到4亿吨，将占粮食消费需求总量45%以上。现在科学界已经开始认为，传统通过养殖牲畜提供肉食的方式已面临极限，但未来40年全球肉食消耗量却以倍数增长，届时全球多于一半可作农业用途的土地，都要用来“生产”肉食。若走势不变，当2040年全球人至100亿时，世界将面临粮食危机。另一个关键问题，是传统畜牧业提供肉食的方法极欠效率，例如猪、牛只能从饲料中摄取相当于其15%重量的营养，变相地浪费了许多本来能供人类温饱的食物。

当前，新的生物技术已经开始使用胚胎干细胞生产肉，运用这种方法，细胞分裂快、数量多，理论上十个干细胞两个月就能产5万吨肉食。一旦这种技术发展成熟，并得到实际运用，届时人类将毋须饲养或屠宰动物来获取肉食，这不仅能突破现时肉类生产的瓶颈，还可极大节省种植饲料粮的耕地。所以，这种技术的前景十分光明，意义堪称重大，值得我们加大投入人力、物力去开发。

传统思路提高粮食产量离不开水和土壤，还必须在种子上下功夫。我们可以突破传统思维，寻找从根本上扭转粮食短缺局面的新方法。目前，在实验室就已经可以利用基因技术使人造细菌

利用空气中的二氧化碳制造甲烷。既然甲烷这种有机小分子可以人工制造，我们是否可以遵循这种思路，开发出一种制造碳水化合物这样的有机高分子的技术呢？一旦这种技术能够开发成功，就将彻底改变传统的农业生产模式，使粮食生产工业化，不用再担心农业人口减少、不再怕耕地和水源的不足。当然，要想彻底改变传统的农业生产方式，国家就得加大在生物技术研发方面的投入，而且投入还不能小，只有依靠巨大的人力物力，才能在一定的时间内取得突破性进展。

我国农业在大好形势下潜伏着危机

（清华大学中美关系研究中心高级研究员）周世俭

我国粮食产量连续十年增收，历史罕见，成绩巨大。但正如中央农村工作委员会办公室主任陈锡文所言，各种增长要素已无弹性可言。我认为，我国农业在大好形势下面潜伏着危机。

第一，毛主席说过，水利是农业的命脉。但改革开放后土地承包到户，无人关心水利建设。一家一户的农民最大的水利建设就是在自己承包的土地上打一口机井。过去利用冬闲大兴水利建设的场面已经很难见到。30 多年来水利建设被忽略了，几千座水库被荒废、引水沟渠被填平种了地。如果遇到神州大旱、赤地千里怎么应对?！明朝末年陕北大旱，颗粒无收，李自成揭竿而起，明朝灭亡。2013 年 11 月 28 日，习主席在山东农科院座谈会上说：“历史经验告诉我们一旦发生大饥荒有钱也没有用。”说的就是这个道理。2011 年 7 月 8 日到 9 日，中央召开全国水利工作会议。胡锦涛主席强调力争 5—10 年根本扭转水利建设明显滞后的局面。国家拨款 4 万亿，到 2020 年基本建成防洪抗旱减灾体系，力争做到旱涝保收。胡主席指出加快水利改革发展是关系到中华民族生存和发展的长远大计。

第二，中国科学院院士武维华 2013 年 3 月 12 日说，中国不到世界 1/10 的耕地却消耗掉全球化肥总量的 1/3。众所周知，化肥过度使用会致使土壤造成板结，土地肥力大大下降。

第三，美国、加拿大、俄罗斯等农业发达国家广泛推行土地轮耕休耕制度。我国的土地几千年来一直不停地在种植庄稼，一季连着一季。连住家周边的十边地都要种植，土壤地力基本耗尽，只好加大化肥使用，造成恶性循环。

第四，我国人口众多，人均耕地只有 1.35 亩，农业劳动者人均耕地 6 亩，比印度人均 9 亩还少，仅为世界平均水平的 40%，人均水资源仅为世界人均水平的 28%。人口增加，耕地减少，水源紧张。农业经营成本难以降低，产量难以继续增加，农民收入难以提高，务农不能致富。现在农村青壮劳动力都到城里打工，坚持留乡务农的只剩下“3860”部队（妇女加老人）。因为务农一年的收入不如到城里打工一个月，现在在城里充当小区保安的年轻人本来就是农村务农的主要劳动力。长期以来，务农不能致富，城乡差别越来越大。土地经营规模太小，不利于农业机械化、水利化、科技化、专业化和商业化，从而使农业的现代化难以实现。农业基本上靠天吃饭，农业基础十分薄弱。

第五，千百年来，中国是南粮北运。隋炀帝修大运河就是为了解决南粮北运。明清两朝都说“湖广熟天下足”。江苏、浙江、湖南、湖北、广东历来都是鱼米之乡。而现在，江浙湖广人民吃的都是东北大米，黑龙江、吉林、河南等 6 省都是产粮大省，也是经济穷省、财政穷省，因为种粮不挣钱，同时种粮也不纳税了。

第六，多年以来，房价居高不下，不断上涨，严重危及了 18 亿亩耕地红线。地方政府追求 GDP，严重依赖土地财政，不少地方政府谎报耕地为荒地或闲地，把大片城市郊区的耕地卖给房地产开发商。地方的同志告诉我，房价再持续上涨 10 年就会有大片粮田、村庄消失盖了房，到那个时候 14 亿人民吃什么?!

革命战争岁月，我党依靠农民以“农村包围城市”打下了天下。新中国成立之后，为了实现工业化，继续牺牲农村支援城市，依靠工农业产品的价格剪刀差剥夺农村支持工业化。

2003 年胡锦涛、温家宝主政后提出了减免农业税，城市反哺农村。2002 年农业税 280 个亿，占当年财税收入 2. 8 万亿的百分之一。减免了农业税迈出了恢复农业的关键一步。最近几年实施种粮补贴和连续提高主粮的收购价格，有力地支持了粮食的生产，确保了国家粮食安全。

现在农产品价格上涨带动了城市的通货膨胀。如何缓解城市居民的通胀压力已经成了热门话题，在这方面发达国家提供了经验，国家对农业实施补贴政策，经济越发达对农业的补贴就越多，因为农民生产了人类生存必需的食品。大量的补贴使得食品价格低廉。

“王者以民为天，民以食为天”。而食以粮为本，粮食一旦出了问题则关系到民安、军安、国安和党安。

入世谈判中，中国政府争取到对粮、棉、油、糖、烟叶和化肥实施国家掌控的进口配额，具体讲 2013 年进口稻米不超过 532 万吨，玉米 720 万吨、小麦 964 万吨。确保三大主粮进口总量不超过全国主粮总量 5% 的安全红线。

此外，WTO 对农业设有绿箱补贴。中国在入世谈判中挣来了对农业补贴 8. 5% 的补贴。

2007 年政府对农业补贴 639 亿元，占当年农业总产值 28095 亿元的 2. 27% 。

2010 年政府对农业补贴 1226 亿元，占当年农业总产值 40534 亿元的 3. 02% 。

2012年政府对农业补贴1923亿元，占当年农业总产值52377亿元的3.67%。

农业补贴主要用于补贴种粮、购买农业机械和优良品种。

发达国家都是大大超过了绿箱补贴的额度，确保了本国人民享受了价格低廉的食品。相比之下，我国对农业的补贴严重不足，理应加大。

2013年中央经济工作会议对2014年提出了六大任务，保证国家粮食安全被列为首位，十分英明。确保了粮食安全才能真正做到“手中有粮，心中不慌，脚踏实地，喜气洋洋”。

亲历广西粮食安全隐忧

（广西社会科学院东南亚研究所研究员）孙小迎

我是第八、九届广西壮族自治区政协委员和第十届广西壮族自治区政协常委，也是广西医科大第一附属医院医学伦理委员会生殖分会副主任委员。有多方面向我反映，广西的粮食安全既有长期隐忧，也有眼前紧迫的问题。我在此呼吁：粮食的安全性必须受到国家和人民的严密监控。

一、日益突出的粮食问题

2013 年 11 月中旬，新加坡南洋理工大学学者到南宁调研中国走私越南大米问题。东南亚米价的上涨已经引起印尼、马来西亚和菲律宾的恐慌。

2013 年 11 月 27 日，南宁市中级人民法院开庭审理特大走私越南大米案。涉案被告 26 名，逃税 1.5 亿元。到粮油批发市场了解情况，已经看不见越南大米。

一位新加坡学者老家在陕西农村，父亲年老，家里存粮已从两年减到半年。我同样担心广西粮库问题。笔者在乡村调研拐卖妇女儿童时发现，六合彩席卷广西农村多年，不少人无心农作。

二、进出口检验检疫局提醒我不要吃转基因食品

多年前，一位政协委员、进出口检验检疫所所长提醒我，不要让小朋友吃转基因圣女果，因为转基因食品可能会影响生殖功能，欧盟坚决禁止转基因食品进入。

广西供应香港蔬菜的检验检疫从检测土地质量开始，十分严格。这也是该进出口检验检疫所长告诉我的。

2010 年，我在广西钦州马来西亚华人火龙果基地还了解到，该基地火龙果及附加产品专门出口欧盟，为此，他引种印尼绿肥，不用沼气液，因为猪吃的东西不干净（包括激素饲料），过不了欧盟的进口关。

三、我所了解的“广西大学生精子质量”风波

广西医科大第一附属医院医学伦理委员会生殖分会是为人工胚胎技术的运用而建立的，根据规定，社会科学专家参与是必备条件。生殖分会每年都要讨论具体的涉及伦理的疑难病例。

因为总被相关专家提醒尽量避免食用转基因食品，于是在一次会上我问道：“基因攻击容易吗?”生殖和遗传专家回答：“人类基因组图谱出来后，很容易受到攻击。”政府网站称，进口食用油占国内市场的68%，专家们十分吃惊。

因为精子库告急，生殖分会委员、男科专家梁博士希望生活习惯基本健康的大学生捐精。但检测的结果是，广西大学生精子的活力和质量令人担忧。当时的梁博士确实没有将此与转基因主

粮联系在一起。

但在一年后的一次会后，梁博士对我说，他坚决反对转基因主粮。医科大13位教授开会，有12位坚决反对推广转基因主粮。他还告诉我，曾有人两次到他的办公室威胁他，阻止他继续研究。因为近期，梁博士的《广西在校大学生性健康调查报告》在舆论的风口浪尖上。鉴于上述威胁，我不忍心打扰他。农业部转基因生物安全委员会某委员关于“广西从来没有种植和销售转基因玉米”完全是谎言。

四、谁吃4.6米高的玉米

杂交玉米品种迪卡008种植在广西的大石山区，但是种玉米的农民不吃，他们用来喂牛。另据相关人员告知，种子公司的职员坚决不吃转基因食品。

2013年11月初，我随广西统战部组织各行业专家到钦州咨询服务，咨询点之一的钦北区菜篮子基地，供广东富人的菜心（即油菜苔）80元/斤。

知情的随团专家说，这就是“有机食品贵族化”。他认为，遏制转基因食品可能有点来不及，若想向“有机食品平民化”转化，可能需要一场大灾难，才能彻底转变现状。

请教转基因食品检测问题，他说，检测的难度很大。连转基因生物安全委员会委员都不知道什么地方在搞转基因，没有标准怎么检测？检测不出转基因不等于没有转基因。

五、对策建议

上述随团专家认为，尽可能留下不受污染的土地种植非转基因主粮，留下非转种子；尽可能保护和收集野生粮食种子。

进出口检验检疫所长认为，转基因主粮的安全性必须具有至少是人类近亲的猿类或猴类的长期跟踪实验。现有仅限于小白鼠或猪的短期实验结果是极不可靠的。

在反转专业人士的参与下，透明主粮和食用油所有的安全实验和检测，并作标识。粮食和食用油的安全性必须接受国家和人民的严密监控，国家必须为此负全责。

调查过程发现，尽管没有上帝，但在转基因主粮问题上感受到了一些末日疯狂。正如进出口检验检疫所长所说，一旦泛滥，谁都逃不脱。

我的中国梦：给孩子一口安全的奶，给老百姓一碗明白的饭！

粮食安全红线需警钟长鸣

（广州少年军校校长）温元麟

国家粮食安全，包括三层含义：一是确保生产足够数量的粮食；二是能够最大限度地稳定粮食供应；三是确保所有需要粮食的人都能获得合格粮食。

“国以民为本，民以食为天。”对于当今世界而言，粮食安全始终是关系人类生存、国民经济发展、社会稳定和国家自立自强的全局性重大战略问题。

一、我国粮食安全现状

（一）自给率较高但有下滑现象

20 世纪 90 年代以后，我国粮食自给率接近于世界平均水平。这说明从粮食供给上看，我国具有较高的粮食安全水平。据统计，截止到 2013 年底，我国都保持了较高的粮食安全水平。但 2005 年以后，随着粮食需求量的急剧增加，粮食缺口也明显扩大，这在一定程度上表明中国粮食安全水平的下降。中国加入世贸组织后开放了部分农产品市场，同时，中国根据比较优势原理，也进口了一些本国生产成本相对较高的粮食（如小麦、玉米等），因此，粮食自给率有所降低。20 世纪 90 年代以来，除奶类以外，我国蔬菜、水果、肉类和水产品等食物大多数年份为净出口，这表明我国绝大多数食物有较高的自给率。

（二）人均粮食占有量有上升势头

一般来说，在用于直接消费的粮食数基本稳定的条件下，按人口平均的粮食生产数量越多，可用于加工转化和其他方面的食物数量越多，粮食数量安全程度就越高。1978—1999 年，我国人均粮食占有量波动幅度较大，但呈现增长趋势，1995 年达到世界人均粮食水平。1996—1999 年，人均粮食占有量超过 400 公斤，最近十年实现“十连增”，年均增幅 3%，基本上满足了国家经济建设与居民生活水平提高的需求。肉类、蔬菜、水产品和禽蛋人均产量呈现持续上升趋势，除满足居民基本生活需要以外，还可用于对外贸易。

（三）低收入阶层的食物保障任务仍然艰巨

中国当前的低收入阶层是指生活在贫困线以下，尚未解决温饱问题的群体。我国现行贫困标准与国际贫困标准（日均生活费用为 1 美元）相比偏低。解决贫困人口的基本生存需求和食物保障问题，仍是一项艰巨的长期的任务。

（四）波动指数高于世界平均水平

一个国家或地区的粮食总产量基本上能够反映该国或地区的粮食供给能力，而粮食产量波动系数则能够反映粮食数量的稳定状况。波动系数越小说明生产的稳定性越强；反之则稳定性越弱。如用粮食总产量波动指数去考察我国近 30 年来粮食总产波动情况，可以看出我国粮食（谷物）产量波动幅度较小，粮食产量波动系数一般保持在4%以内，粮食生产的安全性还算较高。近30年来，我国粮食产量波动指数平均为3%左右，高于世界平均水平（2.84%），低于美国（9.81%）、法国（6.05%）和日本（6.19%）的粮食产量波动指数平均值，同时也低于印度的粮食产量波动指数平均值（3.84%）。

（五）储备水平超过最低标准但管理方面的问题不少

粮食储备是反映粮食安全水平的一个重要指标，它不仅用来调节一个国家或地区粮食生产的季节性和地区性乃至重大灾难事件造成的短缺，而且可以减少对国际粮食市场的依赖，从而对稳定国内或本区域内粮食市场价格和满足居民需要起到重要的作用。按照储备量达到需求量的17%—18%的标准，目前我国粮食库存已超过了最低安全储备水平，同时，政府和农户的双重储备更保证了粮食的安全供应。但是，我们必须看到，我国目前的粮食储备制度尚需进一步健全，粮食库存布局的合理性（粮食仓储设施主要分布在粮食产区）尚需进一步提高，粮食库存质量低劣和仓储设施老化问题尚需进一步加以解决，否则，将会严重影响我国粮食的安全程度。

（六）粮食安全警戒线需警钟长鸣

粮食安全是其他一切食品安全的基础，而粮食安全的警情应能综合反映我国粮食的供需平衡状态。粮食安全警戒线，充分考虑了国内粮食生产情况、进出口贸易情况、人口增长情况、收入增长情况等几个方面的因素。

1. 粮食安全警戒线的阈值

粮食安全警戒线及阈值区间

阈值区间	警戒线指标
增长率≤－1.93%	粮食短缺
－1.93%＜增长率≤0.7%	最低警戒线之下，接近短缺
0.7%＜增长率≤2.32%	供需平衡线之下，处于粮食紧平衡状态
2.32%＜增长率≤4.06%	供需平衡线之上，粮食供给较为富裕
增长率＞4.06%	处于粮食供给过剩状态

2. 粮食供需平衡警戒线

粮食供需平衡主要考虑国内粮食生产量、净进口量、因人口增长形成的对粮食需求增长量和因收入增长形成的对粮食需求增长量。这样，粮食供需平衡警戒线可由如下公式确定：

粮食供需平衡警戒线＝国内粮食生产增长率＋净进口率－人口增长的粮食需求增长率－收入增长的粮食需求增长率

当国内粮食生产增长率（GR）减人口增长粮食需求增长率（PR）等于零时，处于最低警戒线水平。

基本供需平衡警戒线＝人口增长率＋收入水平提高后对粮食的需求增长率

3. 粮食短缺警戒线

当国内粮食增长率与最大净进口率之和低于人口增长率与收入增长对粮食的需求增长率之和时，为粮食短缺警戒线。以1995年进口量多，净进口量占国内生产量的比重4.25%的水平，来衡量我国未来的粮食进口能力和国际市场承受能力。这样，粮食短缺警戒线的国内粮食增长率为－1.91%。如果低于这个增长率，国内粮食出现短缺现象，而进口粮食已达到国内进口能力与国际市场承受能力的极限水平，靠增加进口量来解决国内缺口将比较困难。

粮食短缺警戒线 = 人口增长率 + 收入增长对粮食的需求增长率 - 最大净进口率 =0.7% +1.62% -4.25% = -1.93%

4. 粮食过剩警戒线

国内粮食增长率减人口增长率减收入增长对粮食的需求增长率减最大净出口率等于零时，为粮食过剩警戒线。以 1993 年出口量最多，净出口量占国内粮食生产量的比重为1.73%，来衡量国际市场能够接纳中国粮食出口的最高水平。这样，粮食过剩警戒线的国内粮食增长率为4.06%。如果超过这个增长水平，国内粮食将出现过剩现象，而出口粮食已达国际市场承受能力的较高水平，靠增加出口量来解决国内过剩问题将比较困难。

粮食过剩警戒线 = 人口增长率 + 收入增长对粮食的需求增长率 + 最大净出口率 =0.7% +1.62% +1.73% =4.06%

5. 对我国粮食现状的安全性评价

通过对以上影响粮食安全的六个方面的指标分析表明，中国粮食安全的总体水平是比较高的。但随着人口的增长和消费结构的变化，粮食的间接消费量会增加。而在我国农业技术进步没有大突破的情况下，中国粮食产量增长的速度将减缓，粮食的供求缺口将迫使中国增加对国际市场的依赖。如果未来粮食自给率下降，按人口平均的食物产量增长缓慢等现象出现，那么，中国的粮食安全水平将有下降的危险。

二、我国粮食安全不可忽视的隐患及面临的挑战

不断加强的全球化趋势以及国家人口与环境的发展变化为国

家粮食安全带来新的内容和挑战。归纳起来，笔者认为，主要有以下几个方面的隐患及挑战：

（一）耕地数量不足与质量不高的隐患与挑战

我国以占世界7%的耕地养活占世界22%的人口已是不争的事实。从经济和社会发展趋势看，我国今后相当长时期内耕地资源减少和粮食需求总量增加均不可避免。1996年全国耕地面积为19.51亿亩，到2011年底已降为18.26亿亩，人均耕地面积仅有1.4亩，还不足世界平均水平的一半。从耕地质量看，我国耕地的中低产田比例大，约占耕地面积的2/3。此外，由于缺乏耕地投入保障机制，在土地使用上重用轻养，导致耕地质量下降，农田基础设施失修老化。

（二）水资源短缺与分布不均的隐患与挑战

我国水资源时空分布极不平衡，年际变化大，长江流域及以南地区耕地仅占全国35%，而水资源却高达81%；淮河流域及以北地区耕地虽占全国65%，而水资源却为全国的19%。长江流域及以南资源条件较好的地区粮食生产能力急速下降，而粮食需求却快速增长。因此，对于具有公共属性的粮食来说，增产任务要通过宏观调控进行重新布局，水资源丰富和短缺的地区，都应承担粮食增产的任务。

（三）粮食生产比较效益低与农民种粮积极性弱的隐患与挑战

国家通过加大农业补贴力度，以及通过农村税费改革，粮食效益较前几年明显提高，但由于化肥、农药、农机等农用生产资料价格不断上涨，劳动成本不断提高，粮食的比较效益仍然属于最低的。中央财政对农民的种粮直补、粮种补贴、农机具购置补贴等政策对种粮农民的激励作用逐年下降，种粮效益低，这是制约我国粮食安全的另一重要因素。

（四）粮食安全“弱质三性”加深的隐患与挑战

当前，中国粮食安全保障面临着严峻的形势，主要反映在脆弱平衡、强制平衡和紧张平衡三个方面。所谓脆弱平衡，是保障的资源条件贫乏；强制平衡，是经济社会要素投入大，政府强力主导；紧张平衡，是保障食物及粮食安全的总供给能力不宽裕。从本质上讲，改革开放以来实现的粮食供求基本平衡、供给略有节余，就是建立在这样的基础之上的。最近十几年，中国粮食供给总量中进口比重越来越大，开始明显突破95%的粮食自给保障线，是粮食安全“弱质三性”加深的重要标志。

（五）喜中带忧的挑战

司马迁曾经讲过：“兴必虑衰，安必思危。”我们虽然实现了粮食生产的“十连增”，但仍然不能盲目乐观，应该看到：（1）这是恢复性增长，因为自1996年粮食总产量首次突破1万亿斤以来，18年中，超过1万亿斤的有10年，另外8年低于1万亿斤，处于徘徊状态。（2）“十连增”主要依靠提高单位面积产量，亩产量由1996年的596斤上升到2011年的688斤。（3）提高单位面积产量主要是增加化肥的投入量，农作物播种面积由1996年的22.85亿亩增加到2010年的24.10亿亩，只增长了0.5%，粮食的播种面积由1996年的16.8亿亩下降为2011年的16.5亿亩，而化肥的施用量由1996年的3827万吨上升到2010年的5561万吨，增长了45.3%。这既增加了成本，又污染了环境，成为水体富营养化的重要源头，难以为继。（4）根据测算，当前中国粮食生产的成本增长高于产值的增长，收益率呈下降趋势。稻谷、小麦、玉米的收益率由1998年的30.6%下降到2009年的24.3%，大豆由37.0%下降为22.1%；在各类农产品中，粮食的收益又大大低于油料、棉花、糖料、蔬菜等经济作物。虽然采取了对粮食的补贴与最低收购价的政策，其补贴收入仍低于当年总成本增加额与物质费用增加额。这一测算结果可以有力地澄清和矫正那种认为粮价上涨就会拉动CPI上涨甚至引发通货膨胀，于是采取抑制价格政策从而进一步损害农民利益的观念。历史的经验多次证明，这种思维必然使粮食生产特别是商品粮生产陷入产量徘徊局面。

值得一提的是，我们应该清醒地看到，中国农产品的对外贸易，已经由出口大国变为进口大国。自2004年由贸易顺差变为逆差以来，年年大幅增长，2011年达340亿美元，特别是谷物与大豆的进口2010年已经分别达到580万吨和5479万吨，两项合计6059万吨，占粮食总产量的10%以上。

三、确保我国粮食安全的对策建议

历史的经验告诉我们，只有站在战略的高度、全局的角度去审视和把握粮食的安全问题，才能确保做好国家粮食安全工作。为此，笔者建议：

（一）对国家粮食安全问题的重视永远不松劲并纳入更加严格的干部考核制度

党和政府从上而下都重视是保障国家粮食安全的重要保证。中央一直把“三农问题”作为全党工作的重中之重，而发展现代农业和保障国家粮食安全则是解决“三农问题”的核心内容之一。“十二五”规划纲要中也特别强调：“坚持走中国特色农业现代化道路，把保障国家粮食安全作为首要目标。”为此，各级政府必须把确保粮食安全作为本级政府义不容辞的责任和义务，毫不动摇地从当地的情况和农业发展实际出发，突出重点，在加大农业支持保护力度、深化农业农村改革、建立农业投入稳定增长机制、提高农业对外开放水平、强化农业法制保障、加强组织领导、打击粮食投机活动等方面多措并举，下狠功夫。

为确保此项工作的长期有效性、权威性，有必要继续坚持“米袋子”省长负责制和“菜篮子”市长负责制。继续完善体现科学发展观和正确政绩观要求的干部政绩考核评价体系，把粮食生产、农民增收、耕地保护等作为考核地方特别是县（市）领导班子绩效的重要内容，全面落实耕地和基本农田保护领导干部离任审计制度。

（二）依靠科学方法不断提高国家粮食安全的水平

依靠科学方法提高国家粮食安全水平，首先体现在科学管理水平上。必须始终按照实事求是的原则、态度去分析、研究、解决国家粮食安全问题；始终跟进时代发展的脉络，按照与时俱进、既系统全面又科学细分的办法去应对事关国家粮食安全的方方面面的问题。为此，要求观察事关国家粮食安全的问题必须做到高瞻远瞩；提出事关国家粮食安全的问题必须做到准确完整；研究事关国家粮食安全的问题必须做到以终为始；指出事关国家粮食安全的问题必须做到一针见血；分析事关国家粮食安全的问题必须做到入木三分；解决事关国家粮食安全的问题必须做到立竿见影等。唯其如此，国家制定的粮食安全政策的导向功能、控制功能、协调功能、象征功能，才有可能发挥到最大程度；与国家粮食安全相关的元政策、基本政策和具体政策，才会更加务实到位。

依靠科学方法提高国家粮食安全水平，还体现在注重农业科技创新和经营模式的创新上。当今世界各国都是把加大农业科研和推广投入、提高农业科技水平作为发展粮食生产的重点。美国的农业教育、科技和推广是“三位一体，政校合一”的。美国农业部农业合作局和农业推广局是联邦农业教育、科研、推广的重要机构，联邦政府在各个县都有派出机构，负责这个三位一体的工作，提供服务。美国的州立大学农学院是大学系统的农业教育、科研、推广的重要机构，州立大学有很多附属的农业实验站和合作推广站，这样，农业科研成果就能够迅速有效地转化为生产力。中国受土地和水资源的约束，未来实现粮食持续增产的根本出路也在于提高粮食综合生产能力上。说到底，就是提高单产水平。主要就是要依靠科技创新，开发新的种子，研制新的肥料，提升灌溉技术等等，还要把技术切实推广开来。

（三）用制度、机制乃至法律确保国家粮食安全

1. 用制度、机制乃至法律手段确保中国粮食安全必须始终坚持“立足国内生产，实现基本自给”的原则

中国人的饭碗，必须端在自己手中。中国拥有世界上最多的人口，因此，中国也应当是世界上最需要重视粮食安全的国家。如果中国不能实现粮食的基本自给，社会繁荣和稳定就无从谈起，甚至连国家主权和领土完整都可能无法保障。根据目前中国的粮食消费水平和世界粮食贸易规模，中国粮食自给率每降低一个百分点，就相当于多消耗世界粮食贸易的两个百分点。如果中国更多地依靠粮食进口，将不可避免地加剧全球粮食“恐慌”，给所谓的“中国威胁论”提供借口。再者，如果大量进口粮食，海运的成本和风险也是必须要考虑的。因此，立足国内的原则不

仅是国家安全、社会和谐的需要，在经济上也符合成本最小化原则。

2. 努力实现粮食安全与农民增收的有机统一

在立足国内供给的基础上，通过农业合作实施优势互补，增加和补充中国的粮食供应。与此同时，要努力实现粮食安全与农民增收的有机统一。要健全和完善对种粮农民的直接补贴和其他政策扶持。例如，美国的农业法案里面特别强调，要给农民提供一种收入的安全网。这不仅是要支持粮食生产，还要给农民提供一种收入支持。美国农民的收入 40% 来自农业补贴。再看中国，2002 年开始搞种粮补贴试点，2004 年全面推开，现在已经有“四补贴”，每年 1000 多亿元下去，平均到每个农民头上 200 多元人民币，占农民人均纯收入的 4% 不到。农民种粮积极性很难可持续保障。因此，在发放补贴的同时，还要注意价格支持，提高农民种粮的比较效益。另外，要给农民提供优质、低价的社会化服务，农民现在种地不纳税、上学不交费、看病不太贵，下一步更应该向种粮少花费、种粮有收益的目标努力。

3. 不断健全保障国家粮食安全的制度、机制，以及法律法规体系

在宏观管理的层面，必须提高行政效率，努力解决多头管理、“多龙不治水”、职能交叉以及管理效率不高等突出问题。必须用制度乃至法律严格控制耕地资源减少的势头，尽可能把耕地减少降到最低水平。在微观经营的层面，必须尽快培育农村社会化服务供给的主体。值得一提的是，不能鼓励社会资本大面积、长时间地租用农村土地，尤其是警惕现在农地流转的“非粮化”倾向。在这个过程中，要对村集体的行为进行监督，防止出现违背农民意愿的情况发生。

要加快深入研究，制定涉及粮食价格保护、粮食储备机制、

预测预警体系建设等步伐，牢牢把握住粮食生产发展的度，以保障国家粮食长期安全高效发展。

要重视并加快粮食安全立法工作的步骤。发达国家普遍重视粮食立法工作。例如，日本早在战后初期就制定了《粮食管理法》，对粮食批发、零售、加工制定了严格的法律规定。这部法律非同小可，在日本大米实现自给的过程中发挥了重要作用。随着粮食安全形势的变化，日本的粮食法也在不断修订。立法是全国人大及其常委会的一项主要工作，让中国自己的《粮食法》得以实施并贯彻好，是全国人大常委会的重要职责。同时，还要深入研究，制定涉及粮食价格保护、粮食储备机制、预测预警体系建设等相关的配套法规，并适时予以修订完善。

西北部分地区农村粮食生产面临的主要问题

（西安政治学院军事理论教研室教授）郭建军
（北京大学研究生）郭　戈

人类生存离不开粮食，粮食是国家重要战略储备物资和军队保卫国家安全的物质基础，粮食短缺或出现问题直接关系到国家安全、社会稳定和国家军事安全。十多年来，我国粮食生产稳步增产，但在西北部分粮食主产区和一般粮食产区，农村粮食生产出现了诸多不容忽视的严重问题。笔者从4省9县16个乡（镇）的70多位农民和农民工中了解到西北部分地区农村现状和一些实际情况，综合整理归纳如下。

一、当前西北部分地区粮食生产面临的主要问题

（一）农民种粮周期长，付出辛苦劳动多，收入很少

国家鼓励农民种粮，减免农业税、实行种地补贴，得到了广大农民的拥护。但多年来农民种地所需生产资料不断涨价，种地成本也在不断增加，以2013年陕西省关中土地较平整地区富平

县庄里镇觅子乡铁佛村农民一亩地种小麦收割后再种玉米基本费用为例计算：

机械翻地：40 元	机械翻地：40 元
种子：40 斤 ×1.37 元/次 =54.8 元	种子：40 斤 ×1.2 元/斤 =48 元
农药：2 次 ×30 元/次 =60 元	农药：2 次 ×30 元/斤 =60 元
化肥：2.5 袋 ×130 元/次 =325 元	化肥：2.5 袋 ×130 元/袋 =325 元
浇地：3 次 ×100 元/次 =300 元 机械收割：80 元	浇地：3 次 ×100 元/次 =300 元 机械收割：80 元
合计：859.8 元	合计：853 元
亩产：900 斤 ×1.1 元/斤（收购价）=990 元	亩产：1000 斤 ×1.05 元/斤（收购价）=1050 元
农民所得：990 元 -859.8 元 =130.2 元	农民所得：1050 元 -853 元 =197 元

2013 年甘肃省庆阳市镇原县平原镇大部分农村因地理条件所限每年一亩地只能种小麦或玉米一种粮食，每亩小麦产量 300—600 斤，玉米产量 500—800 斤。

说明：

（1）以上计算不包括农民一年种一亩麦子和玉米付出的辛苦劳动；

（2）不可抗拒自然灾害带来的成本损失、少收或绝收等难以预测；

（3）因所在地区地理条件、投入、年成、产量等不同有差别；

农民们说“种地不挣钱，还要贴上劳力”，因此农民种粮食积极性不高；

（二）农村多数青壮年长年外出打工，收入远高于在农村种地，部分农民工长期驻留城市

由于农民种粮收入很低，种经济作物成功者不多，其他经济来源少，农民们生存观念发生了很大变化，不断寻求较高劳动报酬途径，加之多年来城市化建设、企业、农场等需要大量农民工，农村多数 20—40 岁上下的青壮年走上外出打工挣钱之路。每月收入 2600—4500 元不等，每月租房、吃饭费用为 1200—2600 元不等，每月剩余 1500—2500 元不等。

（三）农村缺乏劳动力，严重影响粮食、农作物生产、收获

为提高土地产出经济效益，多年来部分农民把种粮改为种较高价值经济作物，根据市场需要不断更换品种种植水果、蔬菜等较高经济价值农作物，其中水果类农作物从种树苗到挂果、出售需要数年时间，且品种淘汰和更新快，有些农民种的苹果品质差，卖不出去，只得喂猪或把大量成堆烂苹果倒在农舍周围。农民种水果等经济作物成功的数量有限，即使被市场接受也需要有足够的劳动力进行日常劳动和管理。

笔者于 2013 年到陕西、山西部分地区农村看到青壮年劳动力严重短缺现象比较普遍，如：陕西关中西北一些县的农村，雇人给苹果套袋和收获时含管饭每人每天需付报酬 90—120 元不等；陕西富平县洪水乡农村雇人摘柿子含管饭每人每天需付报酬 100—130 元不等；富平县觅子乡铁佛村 63 岁和 66 岁老两口面对自家成熟的多种农作物愁于自己体力有限和雇不到劳力帮忙收获发愁；陕西长安县引镇大峪五里庙村和山西万荣县光华村等地核桃、柿子等成熟后因采摘费时、费力和无劳力收获后再变卖成钱，多年来只能任其自然落果、腐烂，造成大面积浪费。由于进城打工收入高于在农村种地，多年来在农村雇请劳动力干农活难的现象已普遍存在，找青壮年帮工更是难寻。农民们为保证身体健康，自己吃和送给亲友的粮食、水果、蔬菜等不上化肥，卖出去的粮食、水果、蔬菜等上化肥以提高产量和经济收入，已成为普遍现象。

目前，长期留守在农村的农民年龄多在40—50岁以上和他们的部分孩、孙，其中多数年过半百的农民肩负着守家和种地繁重体力劳动，其中的一些由于年老体弱多病，种地已力不从心，不得不花钱、管饭请人帮助种地、收获或把土地租给其他人种，有的农民不得不撂荒土地。多年来农村年龄大者、孤寡老人和留守儿童已成为农村长住人口和劳动力主体，随着时间推移和农村劳动力主体年龄增大、劳动力渐衰，农村劳动力恐慌还将越来越严重。十年以后现留农村的多数农民年事已高且将难有体力再从事日常繁重农活，势必长期严重影响粮食和农作物生产。

（四）基本建设占用农民大量土地，以各种名目占地造成粮田流失严重

随着公路、高速公路、铁路、高铁快速发展，里程不断延伸给国家发展和农民带来便利的同时占用了农村大面积产粮土地；有些地方建大规模工业开发区占用了农村大量土地；有的地方政府圈地后不开工建设长期荒废粮田。如：陕西咸阳以在淳化县建工业园区为由圈占大量农民土地，买地时每亩付给农民1.9万元后未建工业园区造成大面积粮田已荒废三年多，严重损害当地农民长远利益。西安一些院校和机关以扩大院校规模和改善办公条件为由大面积占用农民粮田。有的地方政府以各种理由和借口低价从农民手里买走土地后再以高价转卖给房地产开发商作为政府财政收入来源，地方政府、开发商等从中赚钱获利，农民们失去

了世世代代赖以生存的土地、粮田命根。一些农民因子女分户成家需要和以按规定批划的2—3分盖房宅基地不够用为由，擅自在自己粮田上以较大面积盖房筑院呈发展之势。

（五）一些村官目无党纪国法，以权谋私，严重损害农民利益和种粮积极性

乡（镇）政府下辖若干行政村，行政村由若干自然村（组）组成，行政村有党支部、村长和村民监督委员会，村长对行政村行使领导和管理。农村实行党政分开后，党支部和村民监督委员会难以对村官实施制约和监督。一些村官把权力当作“致富”工具，肆意妄为严重损害农民利益。农民普遍反映村官“富”起来的多，有钱的多。一些村官“致富”路线为先拉农民选票或花钱买农民选票当村官，当上村官后利用手中权力不择手段捞取、骗取、榨取农民钱财，大部分农民因怕村官打击报复，不敢惹也惹不起村官。在调研交谈中农民们反映出一些村官的主要问题是：(1）擅自调整、出卖村属共有土地给城市经商人获得高额钱财；(2）巧立名目或擅自强行把农民粮田低价买到手后再高价卖给他人赚取金钱；(3）私立名目强行把大面积平整庄稼地卖给经商者获取大额钱款后强行压制农民不让上告，压制不下去给挑头上告的村民每人数千元，封住农民的嘴，并在庄稼地里撒上石灰不让农民收获；（4）擅自高价把原计划分给村民的宅基地以超大面积、高价卖给城市经商者获取金钱；(5）借地方政府给农村修路等多收取农民钱款后私分；(6）公开向电信等部门加倍索要在其管辖土地范围内建电信转播塔等设施的费用后私分；(7）村官把其亲戚或与其关系好的村民发展成党员，结成利益团伙长期把持村权谋私利，擅自截留国家拨给贫困村、贫困农民补助费等款项后暗中私分；（8）巧借名目多收取农民钱款后私吞其中部分钱

款；(9) 私自立项收取农民钱款后私吞；(10) 利用当地政府鼓励农村退耕还林和植树造林骗取资金，象征性地在荒坡种植少量树木，政府下拨的大部分植树造林款被村官侵吞；(11) 强迫低保贫困户救济卡上的款每次到帐后必须把其中一部分款交给村官私用，否则不给贫困户办救济卡；(12) 擅自把本村集体所有水库、山坡地承包给外地农民收取高额费用，本村农民敢怒不敢言；(13) 村官侵占农民利益后农民上告到乡、镇后，有的被大事化小、小事化无或上告无果，有的乡政府不作为，对村官侵占农民利益监管不力或袒护村官，暗中收取村官钱财不予公正处理。这些问题在西北部分地区农村已相当普遍。

长期以来，一些村官目无党纪国法，无法无天，利用手中权力严重侵害农民利益，有些到了习以为常的疯狂地步。此类违法、违纪现象的长期存在引起农民强烈不满和深恶痛绝。对这些问题一些地方领导不深入、不知情，有的领导知情后到农村调查时一些村官极力以各种卑劣手段威胁、打压、阻止村民向上反映问题，有些村官官官相护隐瞒真情，受害农民怕村官打击报复不敢反映问题或问题反映不上去，无法维护自己的合法权益只得忍气吞声，造成部分农民无心在农村种粮，只得靠外出打工挣钱维持生活以躲避村官不断侵占他们的利益。

二、建议

农民们普遍反映国家“三农”政策好，就是难以落实或落实不到位，一些农民形象地说“上面的经是好的，被下面的和尚念歪了”。因此应下大力多管齐下，多种措施并举，切实保护农民利益，提高农民种粮积极性，确保国家粮食安全。

（一）进一步完善涉农法规，建立各级政府“三农”政策落实监管机制，严肃追究违规者责任

为适应农业、农村、农民情况的发展变化，确保国家粮食安全，国家应建立、完善涉农系列法规，各级政府应建立“三农”监管机制，切实加强“三农”政策的落实和检查，强化农村土地、粮田监管，明确划分各级责任直到村官，实行分级负责制和量化考核制定期检查；强化监督管理，不打招呼定期、不定期直接进村入户直访农民了解真实农情，重奖真实反映农村问题者；严肃查处和追究以各种借口在农村圈地、荒废粮田、擅自出卖农村土地从中赚钱和以各种方法、手段侵占农民利益的违法、违规者责任；严格按规定批划成家农民所需盖房宅基地，遏制擅自占用粮田无限制盖房，最大限度地保护农民根本利益和农民种粮积极性。

（二）加强农村基层政权建设，专项整顿村官，严肃查处、清理违反党纪国法者，建立责任明确、奖惩严明的农村反腐机制

农村党支部是党在农村的基层组织，村委会是政府在农村的基层政权，党员和村官是农村建设和农民致富的带头人，但农村为数众多的党员、村官不但未发挥其应有作用，反而利用手中权力贪赃枉法、以权谋私，肆意破坏国家惠农政策，严重侵害农民利益。农村相当一部分党支部、党员和村委会基本处于无人监管的混乱状态，农民普遍反映许多党员和村官目无党纪国法，为非作歹，侵占了农民利益。

鉴于部分农村党组织和基层政权存在的严重问题，高度重视农村党组织和基层政权建设已迫在眉睫，应多举并重确保农村党组织和基层政权发挥应有作用：（1）定期举办农村党支部书记、党员、村官培训班明确其职责；(2) 深入进行警示教育，对村官进行专项整顿，定期普查并严肃查处农村党员、村官违反党纪国法和以权谋私侵占农民利益者，通过不断整顿和清理，纯洁农村党组织和基层政权；(3) 定期普查国家各项惠农政策在农村落实情况，定期普查、清查行政村帐目，及时向社会和村民公布并形成法规；(4) 建立农村长效反腐机制，明确落实省、市、县、乡、镇、村各级责任，实行分级、分区包干，定期监督、检查与深入农村了解真实情况相结合，奖惩严明；(5) 多途径开设农村反腐、侵害农民利益事件举报，重奖据实举报者，对举报的问题限期查处和公示处理结果；(6) 加强国家惠农详细政策规定宣传力度，使每个农民明确自己应得的国家惠农待遇和自身应有的权利。

(三) 加大种粮补贴，提高粮食收购价格，保护农民种粮积极性

在市场主导价格环境下，粮食、农产品收购价格多由国家和市场调节，多年来粮食收购价格虽在逐步提高，但与农民一年辛勤劳作付出的代价相比，农民种粮收入仍显过低，严重影响农民种粮积极性。因此应建立、完善惠农个人卡，凡属应拨到农民个人的各种款项直接拨到农民个人帐卡上，明确显示并及时公布。为鼓励农民种粮，弥补粮食生产费用涨价，应加大农民种粮补贴，国家应对粮食实行统购统销，提高粮食收购价格，以更多优惠政策惠及广大农民，使农民愿意种粮，同时最大限度地减少中间环节，使城市居民能普遍接受吃粮价格。

（四）严格限制城市建设规模，下大力加快新农村建设，吸引城市打工者回乡务农，确保农村种粮后继有人，造福子孙后代

农民在城市建筑工地和从事一般工作等打工经济收入高于在农村种粮，其中少数农民工靠长年打工辛苦积蓄已在城市买房，孩子入托、上学和生活在城市；大部分农民工在城市打工工作不固定，找不到活干者不在少数，若有一定积蓄后再在城市买房、孩子入托、上学，由于经济代价太大无法承受这些费用。同时农民工长期驻留城市还面临社会地位低、无相关待遇保障等问题，而不具备在城市生活的基本条件。因此在城市打工的多数农民表示，如果农村各方面条件有较大改善，他们还是愿意回到已有基本生活保障的故土守家继业，加之农作物的种、收已部分实现机械化，劳动强度在减轻，农民生活条件也在逐步改善。

城市越大带来的问题和安全隐患越多，已成为各国政府的棘手问题。多年来大量人口进入城市后，我国一些大、中城市已人满为患，生存空间十分有限，房价居高不下，普通居民倾其一生省吃俭用的积蓄也难以购买高价房，城市贫富不均等引发的社会治安问题长年居高不下，汽车骤增，雾霾不断，严重污染城市空气，严重危害城市人健康和生命安全。多年来不考虑城市承受能力和由此带来的一系列严重后果日益凸显，盲目扩大城市规模，城市建设投入过大，农村建设投入过小，城市建设与农村建设投入比重严重失衡是造成目前我国城市一系列难以解决的问题和农村种粮严重缺乏劳动力、出现农村空心化等问题的重要原因。

手中有粮心里不慌，粮食稳则社会稳，因此国家应在严格控制城市建设规模的同时，着眼农业长远发展，高度重视深入了解农村问题和农民种粮的真实现状，制定、完善新农村建设规划，下大力尽快投入资金加快农业和农村建设，以优惠政策和提供必要的条件吸引农村青壮年回乡种粮，使他们在农村安身立命，持久稳定地成为建设新农业、新农村的主力军，确保农村种粮后继有人，造福子孙后代。

（五）大力投资加速高效农业机具研制、生产，因地制宜加速实现农业机械化

毛主席早就指出“农业的根本出路在机械化”。咸阳地区一农村土地种粮承包农民以机械种地承包本村农民 80 多亩土地，每年种、收小麦和玉米在付给出租土地的农民每亩 150 元后，除去各种种地费用可得七八万元，在当地农村已属收入可观，种粮承包者和出租土地的农民各得其所。目前小麦、玉米、红薯、土豆、山药、萝卜、辣椒等粮食、蔬菜等农作物种植和收获已能实现和部分实现机械种、收，板栗、核桃等已能实现收获后机械脱皮、脱壳。国家应大力投资、扶持和加速粮食、农作物、水果等高效种、收农业机具研制、生产，把农民从长期低效、繁重体力劳动中尽快彻底解放出来。有条件的地区应统一规划建设新农村，以腾出更多平整土地进行大面积机械化作业，提高产粮效率，增产增收。

对主粮转基因应持审慎态度

（中国社科院荣誉学部委员）谷源洋

农业是国民经济的基础，粮食则是基础的基础。粮食是关系国计民生的特殊商品，保障粮食安全始终是治国安邦的头等大事。从世界经济安全角度看，粮食安全、能源安全、金融安全并称为世界经济安全的三大支柱。现就以下四个问题谈点看法。

一、粮食安全的“红线与底线”

2013 年 12 月 3 日政治局讨论了经济问题，提出了两个问题：一个是坚守一个“红线”，即坚守 18 亿亩农用地的红线；二是坚守一个“底线”，即坚守粮食安全的底线。红线与底线息息相关，守不住 18 亿亩农用地，就难以确保中国粮食供给安全。然而，中国经济的发展，工业化的推进，城镇化的提速以及房地产的开发等等，给 18 亿亩的“红线”带来了挑战。

15 年前，我住在海淀区语言学院附近，出门就是一片片菜地和玉米地，但现在这些菜地和玉米地早已不见了。前几个月，我到一个地方开会，一些山地也卖了，变成了度假区。如果我们不能加强土地管理，不能节约用地，不能提高土地利用效率，我担心会坚守不住18亿亩的“红线”。

最近有人说经过第二次土地调查，我国耕地保有量为20亿亩，耕地面积不仅没有减少，反而多出了2亿亩，如果真是如此那就太好了。但从政治局会议提出“坚守18亿亩耕地红线”及中央经济工作会议提出“保障粮食安全难度加大”来看，对其“红线”不应乐观。当前需要注意的是对十八届三中全会提出土地制度改革有错误的解读，实际上“推进土地制度改革不是让城市居民到农村购买宅基地盖房子，也不是鼓励工商资本到农村去圈地”，否则18亿亩“红线”将会继续“缩短”，难以保障我国粮食供给安全。

二、粮食供需将长期处于“紧平衡”

今天在座的许多人都不会忘记20世纪60年代末期，中国发生的一场粮食短缺危机。好在此后的几十年，中国没有再发生粮食危机，这是了不起的成就，靠的是农业政策和农业技术发挥了作用。据国家统计局公布的数据，中国已连续十年增产，2013年粮食产量达6亿多吨，较上年增长了2.1%。但应看到我国粮食自给率却低于90%。最近，有位研究农业的学者认为，过去一味强调粮食自给率，现在需要转变这种思路，通过粮食进口，来降低中国粮食自给率，理由有二：一是目前国外的粮食价格比国内低，进口划算；二是国内粮食库容有饱和之势，需要减轻粮食储存部门和农民储粮的压力。然而，现实情况是我国粮食自给率持续下降，粮食进口日趋增多。从经济角度看，国际市场粮价便宜的时侯，多进口一些粮食是可以，但是，中国是人口大国，中国粮食安全必须立足自己，必须把粮食安全作为国家安全战略的重要组成部分。正如中央经济工作会议所指出的“必须实施以我为主、立足国内、确保产能、适度进口、科技支撑的国家粮食安全战略”。如果我们违逆了中央确立的战略意识、战略思想和战略目标，就将为我国的粮食安全埋下长期的隐患。

从国际和国内两个市场看，低油价和低粮价的时代已经过去了。2008 年石油价格涨至每桶 148 美元，此后几年虽有所下挫，但至今仍为每桶 100 美元左右。粮食也同样如此。2008 年爆发了世界粮食危机，饥饿和粮价上涨造成许多国家的社会暴动，造成社会秩序常态被破坏。2012 年美国发生了“世纪旱灾”，俄罗斯和印度等国粮食亦减产，其影响波及到“从餐桌上的食物，到汽车里的用油”，全球农产品价格再度走高，特别是乳制品和肉类价格上涨推高全球通胀压力，增加新兴经济体和发展中国家放松货币政策刺激经济增长的难度。

由于恩格尔系数的差异，高粮价常态化对发展中国家的影响远大于发达国家。粮食减产会推动粮价上升，并引起其他食品价格连锁上涨。粮食增产但粮食价格长期提高，也会导致商品粮和其他食品价格攀升，引发低收入群体不满情绪。近几年来，中国粮食、乳制品以及肉类等价格持续大幅上涨，理应引起相关部门的关注。粮食供给和粮食价格出现问题，就必然冲击整个宏观经济。2013 年《全球饥饿指数》报告指出，全球 56 个国家粮食严重短缺，这表明粮食供给和安全依然是尚未解决的带有全球性战略的大问题，包括中国在内的发展中国家把粮食安全看重些总比看轻些更为理智，必须确保国家粮食和重要农产品有效供给。WTO“多哈回合”谈判之所以拖延了十几年，踏步不前，重要原因之一是印度等国代表坚持“粮食安全是不容谈判的”。

三、粮食安全的多重性

粮食安全现已不仅仅是粮食和其他农产品数量安全，而是表现为“多重安全”，包括粮食质量和粮食产业安全。当前粮食及食品安全显得尤为重要，“吃什么”已经成为老百姓日常生活中的头等大事。粮食及食品不安全是多种因素促成的，转基因的争论涉及粮食和农产品对人的健康安全问题。有人认为“转基因食品是政府帮助大家筛选出的一道更加安全的食品”，“转基因技术如果再不产业化，我国的粮食安全可能会受制于人”等等；而有人则认为240亿元的经费诱惑，使我国生物界一边倒地支持转基因，出售的转基因食品，即便是加以标注，也是不应该的，因为这样做就是允许带着不可估量威胁的食品得以合法化地进入市场。继转基因棉花、大豆、玉米商业化种植后，主粮转基因水稻和小麦引起了更为激烈的争议。水稻和小麦是中国人的主粮，对主粮转基因化更应持审慎态度。我看了优酷网推出的一部纪录片《转基因赌局：同生命下注》，由28位美国专家现身说法，从各个层面谈转基因对人生命的危害。普通百姓不懂转基因，每天都在吃转基因食品，看了这部纪录片以后当然很害怕、很担心，政府有关部门有责任拿出科学的依据证明转基因食品无害于人的健康。

粮食生产和粮食质量同水资源亦有密切的关系。最近，我参加了在北京召开的第九次亚太安全合作理事会（CSCAP）国际会议，澳大利亚学者指出70%的自然灾害发生在亚洲，亚洲水资源日趋枯竭、匮乏，中国、印度和尼泊尔，每年水资源分别下降1%、2%和3%，即使是新加坡也面临粮食和水的挑战。水流量直接影响粮食产量，而水的质量则关系到粮食的卫生安全。因此，今天我们讨论的粮食安全已不单纯是传统的粮食数量安全，而是广义的多重粮食安全问题。中央经济工作会议指出粮食安全要“注重数量质量并重，更加注重农产品质量和食品安全，注重生产源头治理和产销全程监管”，这些带有结论性的看法是完全正确的，深得人心。

四、解决粮食安全需要通过国际合作

中国人均耕地面积低于世界平均值，到 2020 年中国人口将达到 14.3 亿人，城镇化将使几亿人转吃商品粮。因此，我国粮食供需将长期处于一种“紧平衡”的状态。中国应同日本、韩国等国家一样，需要到国外寻找粮食，主要途径是到土地资源丰富的国家买地、租地、合作开发。经过多年的实践，买地和租地效果不好，而通过中国农业技术向外转移，提高非洲等国家和地区的农业生产力，增加农业特别是粮食产量，是较为可行的合作途径。中国现在已有条件这样做，这既有助于提高中国粮食安全水平，也有利于提高国际粮食安全程度。但更为重要的是中国自身要改变农业生产低效率的状况，中科院发布的《2012 年中国现代化》报告指出，2008 年世界高收入国家人均农业劳动力人口创造的农业增加值是 3.5 万美元，而中国仅为 1584 美元，其原因与土地分割、小块运作及人均耕地面积小有很大关系。三中全会提出的农业集约化生产与经营，以及中央经济工作会议提出的转变农业发展方式，将会有力地促进中国农业增加值的大幅提高，这既有利于保障粮食安全，又有利于提高农民收益。

高度重视生物主权安全和粮食武器化战略

（种子硅谷园筹备领导小组副组长　博士）黄　崎

这个题目很大，我请示袁隆平院士，他给我题了个词，说“关键时刻，一粒小小的种子，可以绊倒一个大国”。中国如果不注意种业的安全、不注意粮食安全，就有可能会栽跟头，这是提醒各位领导、专家和同行的注意。

全球种业格局是什么样子？现在全球种子市值450亿美元，比21世纪初增长48%，这是因为育种技术或方式发生了以下三个方面的变化：第一是上午很多人关心袁隆平院士的杂交水稻，杂交育种方式发生了根本性变化，原来育种是用杂交第二代、第三代，但现在用的是杂交第一代，例如北方的骡子是马和驴的杂交，骡子不具备生育能力，第二代发生杂交优势分离，可能又变得像马或者驴，不像骡子那么强壮，这是育种方式发生的变化；第二是法制观念的提升，很多专业化的育种单位要求保护知识产权，不允许农民自行留种；第三是转基因技术在育种方面的应用，对于种子安全来说，转基因不是像大家猜想的那样有没有害、有没有毒，其实它有更深刻的意义。转基因育种可以在种子里嵌入一段具有自攻击性的基因，号称“基因终结者”，种子发芽的时候能够产生一种毒素把自己的胚芽毒死，留种是没有任何意义的。由于这三方面的原因，致使种子与果实分离，种子的商品化率越来越高。技术的进步是种业发展的态势，在20年前大家没有意识到的问题，现在突然间发现种子是农业科学的芯片、是农业之母。

全球种业发展态势大概从1995年开始，全球种业市场集中度不断增加，呈现产业垄断特征。1996年为20.1%，2011年已经到了54.2%，世界前十强种子公司已经集中了54.2%的控制力，控制种业就是控制农业的源头，等于也控制了农业，这是不可争辩的事实。让我们来看看跨国公司现有的控制力：先正达公司8%、孟山都公司20%、先锋公司12%，这是特别令人担忧的事实！跨国种业巨头通过纵向并购加剧农业产业链的竞争。他们通过技术优势、资本优势、产业链结合，在东道主国谋求粮食市场的霸权地位，世界种业已进入以高新技术引领、金融资本驱动、全球化发展等为典型特征的产业垄断时代。

我们再来说说印度的棉花。印度的长绒棉是全球最好的棉花，孟山都在印度用了十年时间突破全部基因并申请专利，在印度推广，据报道从1997年到2010年印度棉农有20多万人自杀。作为最早进行转基因棉商业化种植的国家，印度目前绝大多数的棉花都是转基因棉，其中95%的种子集中来自于以孟山都为首的五家公司。印度的棉花已经彻底被孟山都控制了，印度已经没有任何主导权了。

再比如说巴西的大豆。巴西自从引入转基因大豆以后，都是美国公司提供的种子，现在已经到了4.35亿亩，其中88%为孟山都公司的转基因品种。巴西种豆、中国买豆、美国人出种子决定大豆定价权，赚的钱是美国的，这种格局已经形成了。巴西原来是农业资源特别丰富的国家，自给自足，物种很均衡，到现在除了豆啥也没有，企业是赚钱了，大部分是美国人赚了，大量农民流离失所，他们需要用豆跟美国换粮食。

我国现在农业资源状况，耕地是18.26亿亩，人均耕地面积是1.36亩，大约是世界人均数的40%。联合国粮农组织提出0.8亩人均占地面积是最低界限，我们2800多个县行政单位中，有664个县低于0.8亩。我国水资源时空分布严重不均，北方水少地多，耕地资源占64%，水只有16.8%，南方水多地少，水资源占全国83.2%，耕地资源仅仅占36%。只有水跟土地交集的时候才能种粮食，才是很好的农业资源，这个矛盾是非常之大的。我们现在18亿亩耕地“红线”实际可耕地面积15亿多亩，比较好的是9亿多亩。国家规定，坡度25度以上不适合耕种，应该退耕还林，比如说大寨当年开垦的荒山，这只证明了中国人民的勤劳，若从粮食种植的天然要素需求来说，这样的地方是不适宜种植的，也就是说我们有效耕地面积只占46.4%。另外，我们一方水只能产0.8公斤粮食，还不及西方发达国家的一半，水的利用率非常低。中国又是水资源极度贫乏的国家，这对我国粮食安全来说是非常大的问题。老天对中国人民并不是特别眷顾，我们的生产环境、农业环境是比较恶劣的，这是我们的现状。2013年中国粮食总产量达60193.5万吨，2012年我国进口粮食7236万吨，玉米520.7万吨、小麦368.9万吨，大米231.6万吨，大豆5838万吨。综合起来算，我们原来说粮食自给率保持95%，净进口量不超过国内消费量的5%，但是现在我们国内进口的粮食加起来已经超过实际需求量的10%，当然目前这还不是主粮，主要还是大豆等油料作物。现在我们已经成为世界粮食第一大进口国。

种业是农业之母，我们每年需要种子125亿公斤，市场规模达到550亿人民币。根据现在种子商品化率的提高、育种方式的改变和知识产权的保护，将达到900亿元市场规模，我们现在仅仅能满足45亿公斤。拿中国大豆来说，在短短的不到十年时间里，从大豆种子到豆油压榨，我国大豆产业几乎全军覆没。我们的种子企业非常弱，2010年全国8700家种子企业，而美国只有1100家。农业部通过整顿合并，现在减少到6600家，注册资金3000万以上的只有324家，全国前十位加起来的营业额到2012年才超过100亿人民币，这跟美国“孟山都”比，人家一家就是103亿美金，是我们的6.28倍，所以我们需要加大支持我们企业的力度，培植它们抗风险的能力。

“一粒种子，改变一个世界。”洋种子对中国来说是蜂拥而至，因为我们的种子市场有巨大的缺口。现在大家很关心主粮，其实蔬菜种子市场的缺口是最大的。2000年中国的《种子法》颁布后，国内种子市场特别是蔬菜花卉市场全面对外资开放，短短十几年，“洋种子”已控制了中国蔬菜花卉种子80%的市场份额。

用粮食绑定政治。基辛格说：“谁控制了石油，谁就控制了所有国家；谁控制了粮食，谁就控制了人类。”美国农业规模化已近一个世纪，经营效率全球最高，农业补贴丰厚，具有极强的定价优势。美国利用其政治影响力和技术与资本优势挤垮本土对手，通过兼并、入股等多种方式在他国建立起美国的全球农业产业链，由它来决定整条产业链中各环节的定价和结构分配问题，美国一步一步把你逼回去，使本土政府丧失自主决定的权力。

用粮食绑定经济。前段时间大家看资本炒作，“姜你军”、“蒜你狠”，说明了粮农产品价格不再是由市场供给关系决定，而是由资本控制。农产品价格有暴涨暴跌的特性，只要控制了某种农产品一定量的市场份额，就可以获得很大的定价权。如果控制了某种农产品10%的份额，那么就能很轻易地使该农产品市场价格暴涨50%或者暴跌50%，甚至更多。近来国内大豆、蔬菜等一些农产品价格反常暴涨，背后都有资本炒作的影子。

用粮食绑定能源。生物能源不一定是阴谋，但可能是个阳谋。天气环境不由任何人控制，农业生产受大气候因素影响尤为严重，美国人也改变不了。世界大范围的粮食丰收与歉收是人力不可控的，但粮食的价格却可以通过增加一个“调节阀”来自由控制。世界上，唯独华尔街能够掌握全球粮食供求的平衡点，而生物能源恰恰可以极其方便地撬动这一平衡点的“按钮”。想让粮食价格上涨，只要宣布加快生物能源的实施计划，加大产能、把粮食“烧掉”即可；想让粮食价格下跌，就宣布暂缓实施生物能源计划。华尔街通过农作物生物能源化这一手段，成功地将粮食价格“绑定”了石油价格。

高度重视生物主权安全和粮食（农产品）武器化战略。曾任美国里根政府农业部长的约翰·布洛克曾说：“粮食是一件武器，用法就是把各国系在我们身上，它们就不会捣乱。”

这一般来说是通过两个途径来实现。首先是种子革命；其次是制定产品标准和贸易标准，扩大市场贸易额，控制定价权。

比如古代的吴越种子之战。春秋末期，吴越两国之间进行了一场粮食战，吴国由此经济实力大为削弱。公元前484年，谋士文种以越国灾荒为名赴吴借粟一万石。两年后，文种挑选出饱满的谷粒蒸过后归还吴国。吴王见还来的谷粒大，便发给农民当谷种，颗粒无收，吴国因此发生大饥荒。

再看看现在中国大豆如何沦陷。2000年孟山都在全球包括中国在内的101个国家申请了64项专利。2003年前由于美国转基因大豆的到岸价格甚至比我国的东北黄金大豆便宜10%，而且还抗病毒，于是中国开始大量进口美国大豆。

2003年8月至2004年4月芝加哥期货交易所的大豆交易价

格从540美分的最低点一路涨到了1060美分，创下了2003年之前30年新高。

2004年3月由于中国压榨企业的恐慌心理，在一吨4300元的历史高价下，抢购了800多万吨大豆。

一个月后，国际金融炒家就开始在芝加哥期货交易所狂抛大豆，导致价格下跌了50%。由于大豆价格大跌，结果损失惨重，有70%的压榨企业破产出局，大量企业倒闭，兵临城下，被迫接受外资整合……

中国粮食安全现状是不是就不能改善了呢？“杂交水稻”是我国粮食安全的坚强基础。袁隆平院士提出打造国际稻都，造福世界人民。我国没有任何西方技术背景的大型农业技术为数不多的一项就是杂交水稻，因为这是老祖宗留下的原有物种，这是1966—1976年搞成的，没有任何知识产权争议。袁院士也展望了未来，是完全可以做到每公顷8吨—15吨的粮食产量，光这个就足以支持中国人的粮食安全。

	1973年以前	1973年年以后	2000年	2004年	2010年	2011年	2013年
单产（公斤/亩）	300	500	700	800	900	926.6	988.1

如果在全球范围推广10亿亩，实现袁院士让杂交水稻覆盖全球的中国梦，就可以为世界多养活4亿—5亿人。也就是说保障我国粮食安全，乃至世界的粮食安全，中国是有法宝的，问题是我们怎么集中力量推广我们的东西！

“粮食武器”是西方控制我国的重要手段

（国防大学教授）李大光

粮食是安天下之本。粮食安全始终是关系我国国民经济发展、社会稳定和国家自立的全局性战略问题。保障我国粮食安全，对实现全面建设小康社会的目标、构建社会主义和谐社会和推进社会主义新农村建设具有十分重要的现实意义和深远的历史意义。

一、粮食安全大于天

“国以民为本，民以食为天。”粮食安全是关乎国计民生的安天下之大事，是事关国家安全稳定的全局性战略问题。特别是对于当代中国而言，粮食安全始终是关系我国国民经济发展、社会稳定和国家自立的全局性重大战略问题。

党中央极其重视粮食安全问题。中共十八届三中全会后，中央深化农村改革的步子开始加快，这首先体现在对粮食安全的重视上。12 月 3 日召开的中共中央政治局经济工作会议提出，“要加快发展现代农业，保持主要农产品生产稳定发展。”在中共中央11月22日在中南海召开的党外人士2013年经济形势和2014年经济工作座谈会上，习近平总书记也强调“要切实保障国家粮食安全”。2013年11月24—28日在山东考察时，习近平表示：“手中有粮，心中不慌。保障粮食安全对中国来说是永恒的课题，任何时候都不能放松。历史经验告诉我们，一旦发生大饥荒，有钱也没用。解决13亿人吃饭问题，要坚持立足国内。”中央经济工作会议不久将召开，香港《经济日报》12月2日报道称，“会议的重点是粮食安全。”

目前，我国粮食供给属于“最好的时期”。我们用不到世界9%的耕地养活了世界20%多的人口，这是非常了不起的成绩。2013年11月29日，国家统计局发布公告，2013年全国粮食总产量达到60193.5万吨（12038.7亿斤），比上年增2.1%。这意味着中国粮食产量实现连续十年增长。实现“十连增”主要有政策利好、北方降水增多、科学抗灾等几个积极因素。中国目前整个粮食供给形势是历史上最好的时期，从粮食库存消费比看，有的品种如小麦已达到60%—70%，一般的品种在40%—50%，而国际上要求的最低安全标准是17%—18%。中国当下粮食供应总量总体比较充裕，中国通过大量进口大豆和棉花使得粮食安全系数得到有效提升。

然而，不得不提的是，粮食“十连增”的背后是以生态破坏和资源消耗为代价，而且伴随人口增长，城镇化转移、消费升级以及环境污染等带来的粮食问题也日益突出。因此，这就需要我们在看到好的一面的同时，还必须深刻认识我国粮食安全存在的隐忧。我们应该清醒看到，当前我国粮食安全保障面临严峻的形势，可以用三个平衡概括：脆弱平衡、强制平衡、紧张平衡。所谓脆弱平衡，是保障的资源条件贫乏；强制平衡，是经济社会要素投入大，政府强力主导；紧张平衡，是保障食物及粮食安全的总供给能力不宽裕。本质上讲，改革开放以来实现的粮食供求基本平衡、供给略有节余，就是建立在这样的基础之上的。近十年，我国粮食供给总量中进口比重越来越大，开始明显突破95%的粮食自给保障线，是粮食安全“弱质三性”加深的重要标志。

巩固农业基础、实现农业现代化，一直是我国现代化建设的重要目标和重点任务。党的十六大以来，中央不断完善强农惠农富农政策，大幅增加农业投入，深化农村改革，有力推动了传统农业向现代农业加快转变，我国农业发展取得了长足的进步。农业综合生产能力明显增强，农业结构不断优化，物质技术装备水平显著提升，农业经营体制机制不断创新，农民收入大幅提升。但是也要看到，农业仍是薄弱环节，我国农业现代化建设仍然明显滞后于工业化和城镇化，已成为“三化同步”的短板、国家现代化建设的瓶颈，主要表现为“四大矛盾”：农产品供给保障能力不强与需求刚性增长的矛盾；资源环境约束加剧与科技支撑能力不强的矛盾；农村劳动力大幅转移与新型农业经营主体培育滞后的矛盾；农民收入水平偏低与城乡协调发展的矛盾。这四大矛盾导致我国粮食安全隐患非常严峻，不容我们不深刻认识和全面体察。

二、粮食安全隐患不可不察

在全球粮食安全形势持续紧张的大背景下，我国粮食生产虽然实现了十年连续增长，也不容许我们盲目乐观。在工业化、城镇化深入发展中同步推进农业现代化，保障13亿人口的粮食安全，任重道远，需要我们付出坚持不懈的努力。我们必须认识到，农业问题永远都是最基础的问题，由于受到多种因素影响，我国仍然存在较大的粮食安全隐患，对此不可不察。

一是总体基本平衡，结构性紧缺。目前，我国粮食供应仍处于总量基本平衡、结构性紧缺的状况，粮食安全存在不可低估的风险和隐患。我国粮食安全现状是，一方面是产量的“十连增”，另一方面粮食的进口量却频创新高。国家统计局11月29日公布的数据显示，2013年全国粮食总产量60194万吨，比2012年增产1236万吨，增长2.1%。夏粮、早稻、秋粮分别增产196万吨、78万吨和962万吨。全国粮食总产量首次突破6亿吨大关，实现十年连续增产。

粮食增产的同时，粮食自给率却不断降低，某些农产品对外依存度较高。2012年中国粮食进口总量超过了7000万吨，创下历史最高纪录。即便以官方数据2012年中国粮食的总产量为58957万吨计算，粮食自给率已经下降至约89%，而中央规定的“红线”是95%。更重要的是，主要口粮自给率下降速度很快，据统计资料显示，2012年前11个月中，中国玉米、稻谷、小麦三大谷物的净进口量已达到940.4万吨，分别是2011年同期的2.2倍、2.7倍和3.6倍。因此，我们应该清醒地看到，我国农产品的对外贸易，已经由出口大国变为进口大国。从近几年的数据看，尽管我国粮食进口数量逐年增加，但谷物进口量占产量的比重较小，2012年的进口量约占当年谷物产量的2.6%，目前玉米、稻谷、小麦均平衡有余，大豆等油料对外依存度较高。

二是耕地减少势头不减，水资源短缺加剧。人多地少是我国的基本国情，当前中国耕地、淡水资源和环境问题都处于紧绷状态，粮食安全仍存在不可低估的风险。受农业结构调整、生态退耕、自然灾害损毁和非农建设占用等影响，耕地资源逐年减少。据调查，2007年全国耕地面积为18.26亿亩，比1996年减少

1.25 亿亩，年均减少 1100 万亩。目前，全国人均耕地面积 1.38 亩，约为世界平均水平的 40%。受干旱、陡坡、瘠薄、洪涝、盐碱等多种因素影响，质量相对较差的中低产田约占 2/3。土地沙化、土壤退化、“三废”污染等问题严重。随着工业化和城镇化进程的加快，建设用地不断蚕食耕地面积。中国国土资源公报显示，2009 年全国批准建设用地 57.6 万公顷，比上年增长 44.6%。土地资源的有限性，决定了建设用地会对粮食生产产生一定的“挤出效应”，直接造成耕地面积减少、粮食供给能力减弱，今后扩大粮食播种面积的空间极为有限。

虽然我国粮食连年增产，但“靠天吃饭”的局面还未根本改变，特别是在高基数上继续增产，难度将越来越大，稍有闪失就有可能出现由增到减的“拐点”。目前，我国人均占有水资源量约为 2200 立方米，不到世界平均水平的 8%，每年农业生产缺水 200 多亿立方米，且水资源分布极不均衡，水土资源很不匹配。我国北方地区水资源短缺矛盾更加突出。东北和黄淮海地区粮食产量占全国的 53%，商品粮占全国的 66%，但黑龙江三江平原和华北平原很多地区超采地下水灌溉，三江平原近十年来地下水位平均下降 2—3 米，部分区域下降 3—5 米，华北平原已形成 9 万多平方公里的世界最大地下水开采漏斗区（包括浅层地下水和深层承压水）。此外，近年来我国自然灾害严重，不利气象因素较多，北方地区降水持续偏少，干旱化趋势严重。今后受全球气候变暖影响，我国旱涝灾害特别是干旱缺水状况呈加重趋势，可能会给农业生产带来诸多不利影响，将对我国中长期粮食安全构成极大威胁。

三是需求呈刚性增长，供需区域性矛盾凸显。国家人口计生委预测，未来十年我国人口仍将以年均 800 万—1000 万的速度增长。2020 年，我国人口总量将达到 14.6 亿，人口总量高峰将出现在2033年前后，达15亿左右。人口增长导致口粮需求刚性增长。2020年和2033年前后，我国口粮需求总量将分别达到5.84亿吨和6亿吨，口粮需求数量持续攀升。随着人口总量持续增加、城镇人口比重上升、居民收入水平普遍提高，我国对粮食需求的刚性增长进一步增强。2012年，中国城镇化水平为52.57%，预计峰值在70%—75%之间，2030年将达到70%左右。从2011—2030年的20年间，中国将新增城镇人口3亿人左右。根据国务院发展研究中心课题组的调查，2013年农民工年人均粮食需求比农村居民高出119.14公斤，比城镇居民高出51.04公斤。一个农村居民从农村来到城市，适应了城市的食物消费结构，其日消费的粮食要增加20%。数亿进城农民将是中国推动粮食消费增长的主要力量。未来10—20年，中国仍处在食物消费结构持续转变的过程中，粮食需求增长将显著高于国内生产增加。因此，中国粮食自给率还有可能下降。

区域粮食生产不平衡加重，粮食生产重心北移。2007年13个粮食主产区产量占全国总产量的75%，其中河北、内蒙古、辽宁、吉林、黑龙江、山东、河南七个北方产区，粮食产量占全国的比重由1991年的36.2%提高到2007年的43.5%。南方粮食生产总量下降，江苏、安徽、江西、湖北、湖南、四川六个南方产区，粮食产量占全国比重由1991年的36%下降到2007年的31.6%。主销区粮食产需缺口逐年扩大，北京、天津、上海、浙江、福建、广东和海南七个主销区，粮食产量占全国的比重已由1991年的12.2%下降到2007年的6.3%，产需缺口由2003年485亿公斤扩大到2007年550亿公斤左右。此外，西部部分地区生态环境较差、土地贫瘠，粮食生产水平较低，存在供需缺口。

四是种粮效益偏低，品种结构性矛盾加剧。近年来，我国提高单位面积产量主要是增加化肥的投入量。农作物播种面积由

1996年的22.85亿亩增加到2010年的24.10亿亩，只增长了0.5%，粮食的播种面积由1996年的16.8亿亩下降为2011年的16.5亿亩，而化肥的施用量由1996年的3827万吨上升到2010年的5561万吨，增长了45.3%。这既增加了成本，又污染了环境，成为水体富营养化的重要源头，难以为继。此外，根据测算，当前我国粮食生产的成本增长高于产值的增长，收益率呈下降趋势。近年来，由于化肥、农药、农用柴油等农业生产资料价格上涨和人工成本上升，农民种粮成本大幅增加，农业比较效益下降。随着我国工业化、城镇化快速发展，农村外出务工人员增多，特别是粮食主产区一半以上的青壮年劳动力外出打工，农业劳动力呈现结构性紧缺，一些地区粮食生产出现"副业化"的趋势。与进城务工和种植经济作物相比，种粮效益明显偏低，保护农民种粮积极性、保持粮食生产稳定发展的难度加大。

小麦供需总量基本平衡，但品种优质率有待进一步提高。大米在居民口粮消费中约占60%，且比重还在逐步提高，但南方地区水田不断减少，水稻种植面积大幅下降，恢复和稳定生产的难度很大，稻谷供需总量将长期偏紧。玉米供需关系趋紧，大豆生产徘徊不前，进口依存度逐年提高。北方种植大豆、南方种植油菜籽比较效益低，生产缩减。粮食品种间（如东北大豆、玉米、水稻）争地及粮食作物与油料、棉花、烤烟等经济作物之间的争地矛盾将长期存在。

五是气候变化对粮食安全影响较大，全球粮食供求偏紧。干旱、暴雨、洪水、寒潮……近些年气候变化引发的极端天气对"靠天吃饭"的农业产生了重要影响，不断加剧的气候变化不可避免地影响了动物制品和农作物的生产，进而引发了全球对"粮食安全"的担忧。已有大量的例子表明气候变化正在对全球粮食安全产生影响。美国斯坦福大学研究人员2012年1月29日公布的一项报告显示，极端高温天气会导致小麦早熟、减产，而此前有关全球气候变化与小麦减产关系的模型低估了这一影响。小麦是世界第二大粮食作物，对温度特别敏感。在全球变暖的大背景下，小麦减产将对全球粮食安全构成巨大威胁。人类如不能很好地应对气候变化，形势将每况愈下。此外，极端天气，如干旱和暴雨，正在对全球粮食供应造成影响。

全球粮食产量增长难以满足消费需求增长的需要。据测算，近十年来全球谷物消费需求增加 2200 亿公斤，年均增长 1.1%；产量增加 1000 亿公斤，年均增长 0.5%。目前，世界谷物库存消费比已接近 30 年来最低水平。2006 年以来，国际市场粮价大幅上涨，小麦、玉米、大米、大豆和豆油价格相继创历史新高。今后受全球人口增长、耕地和水资源约束以及气候异常等因素影响，全球粮食供求将长期趋紧。特别是在能源紧缺、油价高位运行的背景下，全球利用粮食转化生物能源的趋势加快，能源与食品争粮矛盾日益突出，将进一步加剧全球粮食供求紧张，我国利用国际市场弥补国内个别粮油品种供给不足的难度增大。

这些问题叠加交织，直接危及国家粮食安全，制约粮食流通产业持续健康发展，我们必须高度重视，认真加以解决。

三、居安思危防患于未然

粮食一旦吃紧，国民经济的基础就会动摇。“兴必虑衰，安必思危。”我们虽然创造了粮食生产“十连增”的伟大奇迹，但我们必须居安思危，在粮食总体安全的形势下提早做好必要的准备，防患于未然。

第一，树立“大粮食安全观”。针对我国世界人口第一国的基本国情，“粮食武器”已成为个别西方国家控制我国的重要手段。我国加入WTO以后，农产品市场逐步放开，不可避免地受到“粮食武器”的干扰。与军事、外交手段一样，经济手段也常常成为克敌制胜的工具。春秋时期，齐国政治家管子就十分重视开放经济中商品流通和货币流通问题。针对当时的强国楚国，管子认为齐国出兵攻伐难以取胜，因而用另一种“战斗之道与之”，即金融战，齐国高价收购楚国的生鹿，导致楚国大量百姓放弃农业而猎鹿，最终楚国粮食短缺、价格高涨、财富锐减，国力被削弱。而西汉时期，汉朝在边境的屯田和在西域的贸易拓展，与卫青、霍去病等人的沙场逐鹿、封狼居胥一道成为最终战胜匈奴的两大法宝。中国需要养活13亿人口，然而城市扩张和工业扩张加剧了耕地的流失，复合肥料的大量使用造成农业投资生产率下降，还伴有水资源短缺和环境污染加剧等问题。所有这些结合起来，已经足以迫使中国在世界经济中无奈地受限于粮食。基于“谁来养活中国人”的悲观预期，个别国家欲把“粮食武器”作为控制我国的战略选择。跨国粮商加紧在我国的粮食战略布局，建立上下游完整的粮食产业链，加强从源头到终端的全程控制。丰益国际、阿丹米、邦基、嘉吉、路易达孚等跨国公司在我国粮油市场的贸易份额持续扩大，丰益国际旗下的益海集团在生产领域和流通领域投资并举，对我国粮食安全可能造成的影响不可小视。为此，我们必须树立“大粮食安全观”，实现我国粮食安全保障战略三个转变，即由传统的单一粮食观向多元化食物观转变，由“藏粮于库”向“藏粮于地”、“藏粮于市”、“藏粮于民”有机结合转变，构建可持续粮食安全保障战略体系，确保我国粮食安全和建设小康社会的顺利发展。

第二，积极推进我国农业现代化发展步伐。矛盾和问题是科技创新的导向。习近平表示，农业出路在现代化，农业现代化关键在科技进步。我们必须比以往任何时候都更加重视和依靠农业科技进步，走内涵式发展道路。一是强化农业科技支撑，加大自主创新力度。国内外的经验都证明，除了体制变迁的特殊阶段外，科技进步对粮食增长的贡献始终居于突出地位，成为粮食生产发展的第一推动力。在我国耕地面积有限的情况下，提高粮食单产成为提高产量的唯一途径，而提高粮食单产主要有增加农业要素投入和推动科技进步两种途径。在物质投入边际效益不断下降的情况下，现代科技必然成为粮食增产最重要的战略举措。因此，要加大自主创新力度，加快农业关键技术成果的集成创新、中试熟化和推广普及，研发具有重要应用价值和自主知识产权、安全可靠的新品种，健全粮食技术推广和服务体系，从而强化农业科技的支撑作用，增强粮食有效供给能力。二是加强粮食生产能力建设，加快高标准农田建设。如今，我国农业靠天吃饭的方式并没有根本性改变，因此今后应加强粮食生产能力建设，加快建设一批旱涝保收的高标准农田，加快农业生物育种创新和推广应用。为促进农业持续稳产增产，确保国家粮食安全和重要农产品有效供给，国务院近日批复的《全国高标准农田建设总体规划》提出，到2020年前建成集中连片、旱涝保收的高标准农田8亿亩，其中，“十二五”期间建成4亿亩。三是加强农村水利基础设施建设。历史和现实一再告诫我们，粮食安全的警钟要始终长鸣，增强农田水利保障能力的弦要始终绷紧。贯彻落实中央决策部署，夯实水利基础支撑，保障国家粮食安全，必须着力做好以下重点工作：要落实最严格水资源管理制度，破除水资源瓶颈制约；要强化农田水利基本建设，提高农业综合生产能力；要大力普及推广高效节水灌溉技术，提高用水效率和效益；要完善防汛抗旱减灾体系，增强农业抗御自然灾害能力；要加强水土流失综合治理，保护和改善农村生态环境；要完善政策支持体系，创新农村水利发展体制机制；要加大水利科技推广力度，加快水利信息化建设；要加强组织领导和协调配合，凝聚全社会兴水治水合力。四是完善仓储物流体系，提高粮食周转效率。我国历次物价总水平上涨均与食品价格上涨有关，食品价格上涨均与粮食产销不衔接、粮食调配不顺畅有关，而这又与仓储物流体系建设滞后有关。仓储物流是联结生产与消费的中介环节。要发展有机衔接于粮食流通的仓储类型和有利于提高效率的物流模式，畅通国内粮食跨地域物流通道，打通国际粮食贸易进出海通道；改革主产区仓库多的单一模式，确定适度的仓容规模和最佳的库点位置，重点加强主销区、交通枢纽、港口码头和战略装车点；优化中央和地方储备粮食品种结构和区域布局，健全中央储备粮吞吐轮换机制，发展城镇粮油供应网络和农村粮食集贸市场，提高粮食中转能力，提升储备调控效率，实现更广范围的粮食安全。五是倡导科学健康消费，促进粮食节约减损。要倡导科学节约用粮，大力发展节粮型畜牧业，改进粮食收获、储藏、运输、加工方式，降低粮食产后损耗，减少粮食流通和消费环节的损失浪费。此外，还要适时调整农业技术进步路线，加强农业科技人才队伍建设，培养新型职业农民。

第三，平衡城镇化与农业发展的关系。走新型城镇化是我国的战略选择，但保障粮食安全是新型城镇化的前提。一是城镇化不能以牺牲农业为代价，二者之间存在互促共赢的平衡点。一手抓城镇化，一手抓新农村，即使将来城镇化达到70%，其余30%的人还在农村生活。要通过推进基本公共服务均等化，发展现代农业，积极推进新农村建设，让农村成为农民幸福生活的美好家园。二是加强粮食生产能力建设，坚持严格的耕地和水资源保护制度。在城镇化过程当中，要切实保护好耕地，严格按照用途管制的要求，集约节约用地。守住18亿亩耕地“红线”不动摇，划定永久的基本农田，确保粮食等重要农产品有效供给，牢牢把握粮食安全的主动权。三是保护和调动主产区粮食生产积极性。要用政策来调动农民的生产积极性，使农民多种粮，种好粮。加大对粮食主产区投入力度，建立主产区利益补偿机制，进一步加大对粮食主产区的财政转移支付力度，重点投向主产区的大型商品粮基地、粮食仓储和流通设施、粮食加工转化等领域。

第四，加强粮食流通设施建设。在城镇化进程中，要继续重视发展粮食生产，提升粮食流通效率，建立动态开放的粮食供给流通体系。一是创新粮食经营体制机制。粮食企业要适应粮食生产方式的变革和粮食生产经营组织的创新，主动参与和服务粮食生产，通过土地流转等方式，融入农业、联合农户，构建生产、收购、加工、销售的全产业链经营模式。主动服务种粮大户、家庭农场，发展规模化生产、产业化经营。二是要加强粮食流通能力建设，加快培育大型粮食购销企业。加强粮食市场调控能力建设，既立足于粮食特殊性，加强政府调控，又要尊重粮食的商品属性，充分发挥市场机制决定作用，保护生产者利益，在对城乡消费群体补贴的情况下，提高全社会对粮食价格波动的适应能力。三是要加强粮食市场调控能力建设，健全应急加工、储运、供应网络，创新粮食市场调控方式，用价格信号引导粮食的生产、流通和消费。四是提升粮食流通效率，建立动态开放的粮食供给流通体系。加强粮食流通能力建设，维护城市粮食市场稳定，保障边缘城市粮食可及性，降低流通成本。

第五，提高国家粮食安全系数，加大对农业生产的投入和投资。国内私营投资大部分来自农民，以提高农业生产效率和经济产出为目的，主要集中在与农民利益直接相关的农业初级产业和下游服务业领域，是中低收入国家农业投资的主要来源。国内公共投资主要来自各级政府，重点用于私营投资不感兴趣或难以提供的公共产品与服务，如科技研发推广、资源管理、基础设施和安全保障体系等，是农业投资的第二大来源。外国公共投资主要来自各种发展援助资金，重点弥补发展中国家政府投资的不足，也可能直接涉足农业初级产业或下游服务业。外国私营投资主要来自公司和个人，以投资者自身经济利益为目标，客观上可能给当地农业发展和粮食安全带来益处。以农民为中心的投资战略要求政府及其发展合作伙伴履行四项基本职责：一是创造良好的投资环境，包括稳定透明的投资政策、清晰的资源和资产权属、完善的农村基础设施和金融服务体系等；二是调整公共投资的方向，将稀缺的公共资源尽量用于具有较高经济和社会回报率的公共产品，如科技研发与推广、自然资源管理、基础设施与市场体系建设，机构发展与人力资源开发等；三是加大对小农户的扶持力度，帮助他们增加生产性资产，提高生产效率，融入价值链，更好地与市场对接，增强应对自然和市场风险的能力；四是加强对私营投资的监管，规范和引导投资者采用包容性的发展模式，创造更多机会让当地农民参与农业价值链，保障农业投资的社会效益和环境可持续性。世界粮食安全委员会 2011 年颁布的《国家粮食安全范围内土地、渔业及森林权属负责任治理自愿准则》和正在磋商的《负责任的农业投资准则》提供了相应的政策框架。

第六，坚持“引进来”与“走出去”相结合。中国作为一个人多地少的发展中大国，仅仅局限于国内耕地和水资源，已经难以满足居民食物消费和经济发展对粮食不断增长的需求。在经济全球化深入发展的时代背景下，不充分利用世界粮食市场和粮食资源，不仅代价太高，而且难以实现可持续发展。因此，中国农业生产必须坚持“引进来”与“走出去”相结合的原则。“引进来”与“走出去”相结合，要在农业科技、经济、贸易、外交等领域取得成效，对于推进我国农业现代化建设，增进国际间相互了解与友谊，扩大对外影响，树立负责任大国以及促进世界农业进步都具有良好的作用。一方面，“引进来”就是引进先进技术经验，发展农业生产力。从我国人多、地少、水缺的资源禀赋出发，积极主动利用国际市场和国外资源是大势所趋。应调整完善国内农业生产的结构、布局和扶持政策；均衡、有序、适度增加紧缺农产品的进口，鼓励和引导有条件的国内各类企业“走出去”，加强和改进农业对外援助，为维护世界粮食安全作出应有贡献。在引进过程中，应注意有选择地引进，而避免盲目引进，主要是引进品种资源，引进实用技术，引进先进农业机械、仪器装备，引进智力，培养人才，同时还要广泛开展合作研究，采取中外结合、双方投入、分工协作、成果共享，在吸收消化国外技术的基础上有所创新发明。另一方面是“走出去”，互利共赢，促进世界农业进步。在“走出去”的过程中，应注意从农业安全的角度出发，有选择地加强与国外开展农业合作，并通过农业援外加强同发展中国家联系与合作，注意品种资源和技术输出，还可以通过境外办农业企业的模式让我国的农业更好地“走出去”。此外，还要建立粮食安全预警系统，以密切注意国际粮食市场动态及我国粮食安全状况。

美国积极研制转基因生物武器

（河北任丘电视台）宋　宇

基因是有遗传效应的 DNA 片段，是控制生物性状的基本遗传单位。转基因技术是借助某种酶从细胞中分离出含有特定基因的 DNA 片段，再把这一基因导入另一种生物体的基因组中，由于导入基因的表达，引起生物体性状的可遗传修饰。通俗地讲，转基因技术就是基因拼接组合技术，与传统的杂交育种相比，它能够加快改变生物基因结构的速度，并提高其效率。

转基因技术包括外源基因的克隆、表达载体、受体细胞，以及转基因途径等。21 世纪的转基因技术正走向合成生物学时代。

不管人们如何强烈反对转基因食品，转基因技术的发展一直是迅猛的。

人们利用转基因技术，不仅能够合成新型动植物，还能合成新型微生物，特别是合成疫苗。例如，人们将蜘蛛的造丝基因移植到多产的生命体上，如一些多产植物或者多产动物体内，从而可以大批量地获得所需的蜘蛛丝。人们已经能够将动物基因植入植物中制造一部分带氧的血红蛋白，将蜘蛛造丝基因进行移植的案例也已经实现。例如，美国科学家把圆蛛的基因植入山羊体内，然后山羊的乳房中开始分泌蛛丝和羊奶。这样，既能获得大量蛛丝，又能获得大量羊奶。

其他科学家则通过人工合成来模仿蛛丝的分子结构，他们用聚氨酯弹性体和只有1纳米厚、25纳米宽的黏土片混合后进行处理。这一项目由麻省理工学院的军事纳米科技研究中心赞助，因为它有着非常重要的军事应用价值。例如，制造出超强的桥索等建筑材料、防弹纤维、人造筋，以及抗过敏手术缝线，甚至人造皮肤等。

合成生物学的广泛运用，尤其是能够自我复制的人工生命体的运用，将对世界产生革命性的影响。例如，利用转基因技术研制出合成病毒，对其编程后可毁灭或抑制耐抗生素细菌。这些合成病毒经过设置后可以只攻击目标细菌，而不会影响到其他细胞。合成病毒既能按常规手段杀死细菌，又能在细菌死亡前利用它们复制出合成病毒，继续消灭其他目标细菌直至消除感染。

利用转基因技术可以研制出合成疫苗，消灭或抑制全球流行的禽流感、甲型流感等病毒。传统上研发疫苗需要较长的过程，开发、生产、试验，连续几个月，一旦病毒发生新的变异，医生就不能获得足够的疫苗供给。如今，科学家开始使用转基因技术来加速实验室里现有流感病毒的进化过程，希望能够成功预言哪种新的类型最可能出现。然后，科学家预先合成疫苗来阻止病毒变异，只要能预料到会出现哪些新病毒，他们就能事先准备充足的疫苗供给。

有专家预言，未来几年合成生物学将占全球化学工业的15%—20%。与自然资源相比，合成生物学可以更廉价地制造出很多化学产品、药品、生物塑料和其他新材料。在军事上，合成微生物的破坏力更大，不仅可以破坏炸药、金属、燃油，还能破坏装甲战车、轰炸机和航空母舰。合成腐蚀剂的破坏力超过氟氢酸数十亿倍，能够溶解轮胎，破坏发动机，阻止敌人的进攻。

合成生物学很可能导致新一代生物武器的出现。既然数字革命的重要技术已经用作网络武器，那么，合成生物学的技术同样可以用来研制破坏力更大的生物武器。从 20 世纪 70 年代人们开始研究基因重组课题起，现在军事强国已经在实验室培育出比自然界同类病毒毒性更强的病菌，而且它们对药物和周围环境（如温度高低）的耐力更强。俄罗斯科学家研制出了很多这样的超级病菌，其中包括新型鼠疫和炭疽菌。这些可怕的变种病毒可能会造成无法估量的后果。1997 年，一名叫普雷斯顿的作家经过潜心研究后出版了小说《眼镜蛇事件》。故事情节是，一个疯狂的科学家将天花病毒、一种与普通流感病毒相近的病毒和另一种来自昆虫身上的病毒结合在一起，培育出了能够迅速传播、可致人类大脑腐烂的“脑瘟”病毒。

虽然生物病毒从未像化学制剂一样被广泛用作武器，但却能造成更大的危害。70 毫克的肉毒杆菌就足以杀死一名成年男性；454 克肉毒杆菌在理论上可杀死 10 亿民众。虽然蓖麻毒素的毒性远逊于前者，但 100 毫克亦可致命。如果在一座大城市释放 100 千克雾化的炭疽孢子病菌，将造成 300 万人死亡，其杀伤力堪比一颗热核炸弹。制造核武器需要离心机和其他昂贵的设备，还需要铀或钚等稀有金属。与此相比，制造生物武器更方便得多。1999—2000 年，五角大楼做了一次实验：有关人员从五金商店和其他商业渠道购买了必要设备在内华达州的沙漠中建造了一座细菌工厂。他们仅用 160 万美元就生产出了少量的武器级炭疽杆菌。病菌生产出来以后，能够通过炸弹、导弹、车载或机载装置传播，或直接人工传播。由于人体从受病菌感染到出现早期症状要经过一段时间，所以很难追踪致病菌来源。

2012 年，美国国家生物安全咨询委员会试图阻止两篇科学论文在《自然》和《科学》上发表，因为论文研究哪种基因变化能使病毒更容易通过哺乳动物迅速传播，文中提到了一种禽流感变异种类基因密码的细节。有关官员对透露病毒的细节感到担忧，因为这种病毒与另外一种能够实现人际传播的病毒只有几步之遥。反生物恐怖活动的官员劝说这些科学家不要发表论文中完整的基因测序结果。尽管在进行安全检查之后，论文得以发表，美国政府依然非常积极地参与监察可能导致新生物武器出现的基因研究。根据美国法律，联邦调查局可以审查参与军事敏感性项目的研究人员。

相比核武器和化学武器，生物武器具有更强的隐蔽性、欺骗性、易扩散性和长远危害性等特征，而且生物侵害未必体现在战争中。

早在20世纪90年代初，美国就在马里兰州设立基因武器研究中心，先后投资了近百亿美元。

1996年6月，美国国防部负责生物化学武器的部长助理办公室发表调研报告说明，转基因技术有规模杀伤力，且已经可以充分地应用到生物武器和发动进攻。然而，目前的状态是，人们知道如何用转基因技术武器进攻，却还不知道如何防御和治疗。在只有进攻能力而没有防御能力的条件下，转基因技术武器的威胁和危害就更为严重。因此，美国必须强化以转基因技术武器为主要内容的生物国防。

2002年4月，美国空军的“反击科研中心”的学者发表了题为《下一代生物武器》和《生物学战争风暴的集合》的科研报告。报告说，下一代规模杀伤武器主要是基因技术，特别是转基因技术食品作物，而应用转基因技术武器所搞的“黑色生物学”的战争可能已经开始。

2003年6月，美国卫生部和《自然》杂志分别转发了欧美专家合作的题为《阳光灿烂·转基因和生物武器》的科研报告。报告回顾了两次世界大战和冷战时期美苏两大阵营生物武器的发展，从社会生活角度阐明了转基因技术已经具备成为规模杀伤武器各种可能可行的事实，说明该规模杀伤的特征是“静悄悄的死亡”，即可通过转基因食品作物直接作用于人类或通过生态破坏等间接作用等手段，使某区域的（甚至某国全国的）居民不知不觉地、缓慢地、一个个或一批批地患上不治之症或发生生理异常，从本代开始或从遗传后代开始死亡。

美国财政部从2003年开始，累计为生物国防行动拨付了高达600亿美元的开支。

2006年10月，美国ABC电视网报道了生物战争专家的观察。生物专家说，瞄准人类基因组的转基因武器技术正在悄悄发展起来。目前，在多数大学的实验室里就可以制造转基因武器，而传递转基因武器制造的信息几乎就是人不知鬼不觉的。因此，全国性的生物国防信息数据库建设已经是必需和刻不容缓的了。

2008年4月，美国国防部国防科研高级项目部门负责人在国会召开的听证会上指出，他们已经有不少防务措施应对已知的安全威胁，但是，对转基因技术的严重威胁，他们还没有足够有效的防务措施和防务系统。他举例说，20世纪80年代，做一个基因测试重组的作业，大约需要3天时间和50万美元，还要专业人员操作；而如今，一个8岁的孩子花80美元借用玩具一般的计算机化的仪器，用三两个钟头就可以完成同样作业。对那样的转基因技术武器的制造和使用，目前，他们还没有什么卓有成效的预查手段和防务措施。转基因技术带来的安全威胁是足够严重的，生物国防的任务是非常艰巨的。

2011年5月，美国国防大学学者发表了题为《生物战争中的转基因作物武器分析》的报告。报告说，转基因食品作物的商业化使转基因技术武器的制造和使用成为“市场便宜货”，一个中学生就可以在任何地方制造和使用转基因武器，因而使“转基因作物威胁”成为越来越严重的大问题；与此同时，转基因食品作物的商业化使相关安全防务变得越来越艰难。

报告提出建议说，要落实生物国防，就需要从基础建设开始实行必要的改善和改革，例如从监测框架开始，以防务意识为中心来强化转基因技术及其各种作物产品的危害风险的监测。

2009 年，美国政府出台《应对生物威胁国家战略》，显示美国政府重视生物威胁，并将对生物防御的关注提高到前所未有的高度。2010 年 5 月 27 日，奥巴马政府公布新政府首份《国家安全战略》，重申了应对生物武器威胁是国家安全的顶级优先方向。综合 2010 年报道，美国 2001—2011 财年生物防御经费资助已达到 618.6 亿美元。生物防御经费主要分配给 DHHS（相当于中国的卫生部）、国防部和国土安全部三个部门。

2010 年 7 月 2 日，奥巴马总统签署命令《优化控制布萨特行动部署》。其中明确提出“布萨特”系指用生物工程制造出来的生物制剂和毒素，即经过人工修饰而造成的转基因生物物质。它既是美国生物国防要“防”的目标，同时又是美国手中的“矛”，既包括防御，又包括进攻。当今的战争主要不是发生在战火硝烟的战场，而是打的静悄悄的生物战、网络战和金融战。以转基因农作物为武器，打一场隐蔽的生物战争，其手段就是偷偷散布转基因生物，目的就是永久性地毁坏敌方的生态系统和人民生命。

美国参与生物国防行动的机构多达 15 个，不仅有农业部，还有国务院、国防部、参谋长联席会议、司法部、国土安全部、环境保护署、国家情报主任办公室、商务部、卫生部、交通部、劳工部、能源部、退伍军人事务部、科学技术政策办公室等等。

所谓“布萨特”计划，是英文简称“BSAT”的音译，原文是“Biological Select Agents and Toxins”，意思是利用生物手段的规模杀伤和防治杀伤相关的“生物国防”计划的重要组成部分，转基因技术是其主要内容之一。

该行政命令说，“布萨特”计划是基于风险防治的国家安全和公共安全的计划，各部门和各州地方必须在行政令签署后限定时间内全部落实。

为应对生物武器的威胁，美韩两国于 2013 年 10 月签署了《生物武器监视合作构筑协定》，将于 2015 年共同构建生物武器监视体制。

转基因粮食犯罪是“战略性犯罪”

——犯罪学视野下的粮食安全思考

（南昌市人民警察学校　教研室主任）陈　利

粮食既是关系国计民生和国家经济安全的重要战略物资，也是人民群众最基本的生活资料，它关系到社会和谐、政治稳定、经济持续发展、社会稳定和国家安全。除了众多影响粮食安全的显性的、已认知的和可控的因素外，未知的转基因因素是我们需要特别关注和警惕的，因为转基因粮食的潜在风险危害人类，再多的粮食储备也只是饮鸩止渴。构建起多维度的综合的评价指标系统，为粮食安全控制的“度”提供一个科学的依据，坚持可持续发展战略和生态文明发展观是解决粮食安全问题的基本途径，才能最有力地维护国家的粮食安全。

一、粮食安全是社会稳定的基石

犯罪学家菲利在他的《犯罪社会学》一书中提出，“犯罪是由人类学因素、自然因素和社会因素相互作用而形成的一种社会现象，任何一种犯罪行为乃至整个社会的犯罪现象都是由上述三种因素相互作用的结果，而社会因素是其中犯罪产生的重要原因。”德国著名刑法学家李斯特将犯罪行为归结为个人原因和社会原因共同造成的“犯罪原因二元论”，提出了“最好的社会政策就是最好的刑事政策”的著名论断。粮食安全是社会稳定的基石，社会稳定是国家安全的保障。

（一）粮食安全与社会稳定的关系

粮食安全，是指确保所有的人在任何时候既买得到又买得起他们所需的基本食品。包括：确保生产足够数量的粮食；最大限度地稳定粮食供应；确保所有需要粮食的人都能获得粮食。

粮食既是关系国计民生和国家经济安全的重要战略物资，也是人民群众最基本的生活资料。“国以民为本，民以食为天”，粮食安全与社会的和谐、政治的稳定、经济的持续发展息息相关。完善粮食应急储备体系，确保粮食市场供应，最大限度地减少紧急状态时期的粮食安全风险，是政府的职责，也是粮食安全保障体系的重要组成部分。

（二）粮食短缺可能给社会带来的动荡

粮食安全作为一个全球性话题，受到国际社会的广泛关注由来已久。1976 年联合国粮农组织（FAO）在第一次世界粮食首脑会议上向全球敲响警钟，首次提出了“食物安全”问题。作为粮食生产大国和人口大国，中国的粮食安全问题同样处于这一危机的阴影之下。新中国成立前因为粮食短缺而民不聊生的场景我们历历在目，新中国成立后三年自然灾害时期天灾人祸颗粒无收的教训我们要引以为戒，使我们深刻认识到粮食短缺可能给社会带来的动荡。

（三）粮食引发的犯罪对国家的危害

对于粮食安全当前主要从三个方面进行研究：从社会学的角度，研究粮食安全与社会稳定的关系，着重研究因粮食安全引发的犯罪行为危害国家体制，这是粮食安全的犯罪学方向；从生物学的角度，主要研究粮食的产量满足人民生活需要，这是其农业科学方向；从人与自然关系的角度，研究转基因粮食与自然界相互作用，这是其人类生态学研究方向。它的基本思路是：社会就是一个生态系统，其中社会的各个单元或组成部分也就是一个个子生态系统，如粮食与国计民生、社会稳定与犯罪问题、转基因粮食与国家民族未来等，要保持社会生态系统及其各子系统处于平衡稳定的发展状态，就要注意这些安全系统所处的环境。这个社会生态环境构成了社会生态安全内容。

二、影响粮食安全的各种显性因素

（一）气候危机对粮食安全的巨大挑战

粮食生产与气候生态保持着高度的因果联系，特别是在目前生态环境遭遇一定程度的伤害、极端天气反复发作的条件下，气候变异已经成为直接影响粮食安全的关键因素。2009 年世界粮食日的主题是“应对危机，实现粮食安全”。日益严峻的气候危机，正是粮食安全面临的最大挑战。温度上升带来的粮食减产、干旱洪涝等极端气候以及病虫害加剧等问题，正在影响全球的农业生产。怎样确保粮食安全，这也成了人类面临的一大问题。

（二）突破国家耕地红线造成的粮食减产

中国，耕地仅占世界的9%，人口却占世界的20%，十几亿人的粮食问题始终是头等大事。《中国粮食问题》白皮书，明确表示中国能够依靠自己的力量实现粮食基本自给，这是政府解决粮食安全问题的基本方针。高度重视保护和提高粮食综合生产能力，建立稳定的商品粮生产基地，建立符合中国国情和社会主义市场经济要求的粮食安全体系，确保粮食供求基本平衡，既是政府解决粮食安全问题的基本方针，也是实现粮食安全的总的目标。

（三）城镇化可能引发消耗粮食的危机

在影响粮食安全的各种因素中，人口因素应当是最为直接和最为重要的因素。国家二元经济结构的改变，人们更多的关注已不是总量和品种问题。这一时期粮食商品量占产量的比例为80%以上，城镇人口比例高于总人口的80%，粮食安全的具体表述为，所有人在任何时候都能够在物质上和经济上获得足够、安全和富有营养的食品，来满足其积极和健康生活的膳食需要及食物喜好。在这一阶段，粮食的消费在人们日常消费食物中的比例开始显著下降，其他食物的重要性将逐渐重于粮食的重要性，粮食安全将逐渐让位于食品安全或食物安全。粮食安全的重点转变为食品的营养和卫生保障以及随生活水平提高而产生的食物偏好。

（四）国际金融因素对世界粮食安全的冲击

无论是在农业问题还是在非农业问题上，世界上许多国家尤其是发达国家存在着非常明显的自我保护主义倾向，而且这种保护随着金融危机的爆发甚嚣尘上，粮食问题也就在这些以邻为壑与“零和”博弈的生态中被罩上极度不安的阴影。例如，农业补贴、贸易限制、生物加工、海外屯田等等。特别是全球金融危机的爆发和蔓延，对世界粮食生产的投入、市场交易乃至未来走向都已经产生了明显的负面影响，而且这种影响有可能对流动性紧缩抑制粮食生产的资金需求、粮食价格持续走低抑制生产者积极性、投机资本可能搅浑粮食市场，具有长期性和深入性。

我们无意一一列举影响粮食安全的全部因素，因为这些矛盾都是显性的、已认知的和可控的。而不可知的因素却更是我们需要特别关注和警惕的，有科学家向人类展现了基因改造食物，其中转基因粮食就是其重要成果。到目前为止，这种技术仍然处于起步阶段，且没有一种含有从其他动植物上种植基因的食物，实现了大规模的经济培植。同时许多人坚持认为，这种技术培育出来的食物是“不自然的”，可能存在潜在的危害。

三、转基因粮食可能潜在的危害

转基因粮食的危害绝不只是可能对蝴蝶等昆虫造成伤害；能影响周边的植物的生长；能使昆虫或病菌在演化中增加抵抗力，或产生新的物种，之后一样有可能会伤害作物等这么简单。对于转基因粮食的安全性，目前国际上没有统一说法，争论的重点应在转基因食物是否会产生毒素、是否可通过 DNA 蛋白质过敏反应、是否影响抗生素耐性等方面。反对转基因食品的意见集中在几个方面：

第一，转基因违反自然，因而是有害的。支持派则反驳说，现今的各种庄稼早已不是原始品种，否则人们吃的蔬菜就该跟动物吃的草一样。

第二，植物里引入了具有抗除草剂或毒杀害虫功能的基因后，它们所提供的食物对人体是否安全？对这一点，支持派强调，迄今为止并无研究机构发现转基因食品危害人体健康的证据，但它们对长远的影响还只能做推论，一时难以取得全面的证据以服人。

第三，过于匆忙地推广转基因植物是否可能影响农业和生态环境？推广抗除草剂的转基因作物可能助长农民过量使用除草剂，从而使一些非主要作物受到伤害甚至灭绝。很多发展中国家的农民一直把这类非主要作物当作补充食物或作为饲料。美国渔类和野生动物管理署已发现有74种植物品种受除草剂影响而濒临灭绝。

第四，转基因技术有可能造成生物污染。有的生物技术公司为了保护自己的知识产权，对销售给农民的转基因种子作了“绝育”处理。美国印地安纳大学生物系副教授玛莎·克劳奇的研究表明，这种绝育基因有可能在无意中使其他作物也变成不育。

第五，有特殊功能的基因“流窜”到相近的野生植物品系中去，使之具有抗除草剂的能力而难以控制，或者使害虫体内产生抵御杀虫剂的抗体。另外，有些小生物吃了具杀虫功能的转基因植物可能灭绝。支持派则指出，农业生产本身是一种有损环境的活动，转基因作物对环境的损害不会比传统农业更大。植物自身具备了抗虫能力，农民可以减少喷洒杀虫剂，对环境和生物保护是有利的。

四、转基因粮食犯罪的特点

常规犯罪的犯罪行为是具体的，转基因粮食犯罪性质是涉及全局性的，是战略性的，故可简称为“战略性犯罪”，应当从严惩处。转基因粮食犯罪具有以下不同于一般刑事犯罪的特点。

受贸易利益冲突的影响，一些国家的政府和利益集团利用转基因食品的不够完善而大打贸易战，使转基因粮食犯罪情况变得极为错综复杂，其中有地方保护，有主管部门的以权谋私，还有视而不见的监管者等交叉在一起，其利益关系、主从关系、幕前幕后关系盘根错节。

转基因粮食犯罪其危害性经过长期积累才能反映出来。由于目前我们对基因的活动方式了解还不够透彻，我们没有十足的把握控制基因调整后的结果，转基因粮食可能显现的危害或许要经过几代人才会表现出来，具有潜伏性和长期性。

粮食转基因犯罪是在各种口实或幌子的掩盖下实现的，如振兴一方经济、脱贫致富、增加产量。有些动机不坏，但结果不好，也就是以牺牲长远利益换取眼前的局部的利益，甚至只是蝇头小利，这种情况在一段时间内具有蒙蔽性，很难识破。

转基因粮食犯罪破坏的是国家资源和生态系统，遭殃的是全国人民。问题暴露后，如果由老百姓举证，在技术和财力上都是难以做到的，如果是判令举证倒置，在保护主义的层层设障下，往往是久拖不决长期扯皮，最后通常只能就浮在面上的问题进行一些赔偿和处罚，很难体现法律的公正性和威力，使得幕后犯罪人员逍遥法外。

转基因粮食犯罪直接侵害对象是健康生命，而其危害性并非是单一的，而是累进的、叠加的，转基因粮食犯罪行为，都不应单一地、就事论事地看待其危害性，而应从叠加的、累进的角度去衡量，也就是从具体的损失到全局的、战略性的损失通盘计算。

五、解决粮食安全问题的基本途径

我国提出的可持续发展战略和生态文明发展观是解决粮食安全问题的基本途径，所谓可持续发展是“既满足当代人的要求又不危及后代人满足其要求的发展”。从犯罪学的角度讲，也是预防犯罪的基本理论。转基因粮食犯罪的危害后果特别严重，摧毁的是整个社会生命体系。坚持可持续发展战略和生态文明发展观，保护好人类赖以生存与发展的粮食的种群安全是维护国家生态安全的主要对策。在维护粮食安全过程中，对于转基因控制到何种程度、如何控制就成为一个值得继续深入探讨的问题。这是因为：

经济快速发展是以社会稳定为前提的，在一个社会配套制度供给不足和人们对于粮食安全的承受能力较差的环境下追求经济的高速发展所引发的社会剧烈震荡会导致高犯罪率而严重破坏国家安全，因此探求如何确定经济发展中心地位和粮食安全发展相协调的配合度，这是构筑生态安全必须解决的现实问题。因此，应该具体研究测定犯罪控制对于粮食安全所产生的制约性大小，尤其应该探讨测定犯罪控制的方式、手段对于粮食安全所付出的代价。

在转基因粮食层面而言，社会稳定意味着转基因粮食能够得到全面而充分的发展，这就要求一个社会在最大程度上容忍转基因粮食的研究，能够给转基因粮食研究提供一个最大限度的发展空间和创造一个最为宽广的展示才能的平台，但是如果转基因粮食过分依赖导致国家安全的丧失使社会变得无序而导致犯罪的激生，就必须实行严密的控制。因此合理界定转基因粮食安全和社会安全的边界，是构建和谐社会所必需妥善处理的一对矛盾。很显然，合理地确定转基因粮食的“最低道德底线”，也即确定国家调控的转基因粮食范围，应是解决这一矛盾的核心内容。

公众的安全感是现实社会安全状况在社会公众头脑中的主观反映，也就是社会公众对社会安全状况的感受和评价。在转基因粮食实验进程中，如果公众没有安全感或者安全度不高，也即社会安全的“风险”超出了公众的承受能力范围，就不仅会给社会公众正常的社会生活带来极大的威胁，而且更为严重的后果是会导致公众渐次丧失对政府部门的信任和对国家推行的各项改革的支持热情。因此了解一定时期社会公众的安全感的程度，确定社会公众可承受的范围，是厘定转基因粮食的犯罪是常态犯罪还是非常态犯罪的一个重要参考标准。所以，在粮食安全中，应该探讨影响社会公众安全感和对社会安全的“风险”承受能力的各种因素及其影响力，以确定其测量的具体指标。

犯罪是社会冲突和矛盾程度的函数，虽然加强社会控制能够减少、遏制犯罪，但是社会控制不当也可能导致新的犯罪的产生。因此，探讨转基因粮食异化所直接激发犯罪的情形，也是确定社会控制的“度”的一个重要的参考维度。在维护社会稳定的过程中，如何有效地处理和化解因为粮食安全产生的社会冲突和矛盾从而最低程度地减少犯罪，是社会稳定得以最终实现的有效途径，而在社会矛盾和冲突的化解机制中，如何科学地发挥国家权力的能动作用是最为关键的。

社会安全从其实质上说就是社会各种组织、各个阶层能够和谐运行、彼此协调地发展。然而，现实表明，在社会的运行与发展中，往往存在各种矛盾与冲突影响着社会的安全，其中这种冲突和矛盾的最为激烈的表现形式就是犯罪。从这种意义上可以这样说，一个社会的犯罪率的高低反映了这个社会安全的程度。因此作为以消除社会冲突、防治犯罪为己任的犯罪学，在维护粮食安全、构建和谐社会的目标中，应肩负起其重要的历史使命。

结束语

概言之，关于转基因粮食安全的争论在短时间内不易得出结论。这类争议应该说是一种正常现象，新开发的品种本身还不完善，其于人体和环境的中长期影响尚待观察，人们表示担忧是有正当理由。虽然各国目前已经试种的转基因植物超过 4500 种，可是获得政府批准上市的品种仅 40 个，不到 1%，这说明各国政府对此仍采取谨慎的态度。除技术因素之外，还有生态健康和社会伦理等因素需要权衡。

通过粮食安全与可能引发的犯罪动荡对社会稳定及国家安全的深入的研究，构建起多维度的综合的评价指标系统，从而为粮食安全控制的“度”提供一个科学的依据。重要的是寻求促进社会发展、保障公众生命安全和维护好社会正常秩序的最佳平衡点，无疑是粮食安全与社会稳定乃至国家安全共同研究的重大课题。所以，我们不能够在不确定的情况下贸然接受转基因粮食的使用，中国更不能够成为全世界转基因粮食的试验田，中国人民更不能够成为转基因食品的实验样本！

转基因之争已不是纯粹的科技之争

（中央广播电视大学教授）王援朝

当前中国的转基因之争已不是纯粹的科学技术论争，应从国家安全的视角看转基因问题。转基因问题的实质是种子安全、粮食安全以至生物安全、种族安全等问题，是重大的国家安全问题。目前转基因种子的关键技术掌握在少数外国生物技术公司手中，转基因农产品及其种子在中国的销售事实上由这些公司垄断，这些公司还渗透到转基因研究领域，深度影响转基因种子的产业化推广。很显然，种子、种业这样重大的涉及国计民生、民族安危的问题决不能操控于他人之手。我们不仅要有经济安全的意识，还要有生物战争、生物安全、种族安全的意识，要认识到如果有人使用种子自宫技术或其他技术陷阱，造成大面积绝收，就会出现严重的社会动乱。

既然转基因之争已不是纯粹的科技论争，我们对有关转基因问题和需要采取的对应措施也就不应局限于此，而是应直接指向问题的核心即中国的利益、中国的安全问题。近年来生物技术公司在华的一些活动，已触及中国法律的红线，严重损害了中国的利益，危及中国多方面的安全。我们对待转基因相关问题的态度应是科技问题可充分研讨，国家利益和安全问题不容商量。

转基因种业公司及其代言人声称转基因可以增产、少用农药，但事实并非如此。在江苏和新疆等地都出现了转基因棉花产量、质量下降，低于普通棉的情况，在事实面前孟山都公司也不得不承认转基因大豆比传统大豆产量低，但一些转基因的鼓吹者又辩称，推广转基因作物的主要目的不是为了增产。转基因抗虫技术只是在短期内对特定虫害有效，但这种效果很快退化，此后农药的用量更多。这些显然涉嫌商业欺诈。

近年来，由于转基因大豆大量涌入中国，中国豆农的日子难过，虽然他们种植的是优质的非转基因大豆，国内的需求也大幅上扬，他们却经常为大豆卖不出合理价钱发愁，不得不减少大豆种植面积。中国的大豆压榨企业在外国粮商和华尔街投机商的联手打压下，元气大伤，一半以上的中小企业停产倒闭，被外商以低价兼并。转基因大豆的涌入对中国的农民和相关产业造成了实质损害。

生产转基因作物过程中使用的“农达”以及转基因作物本身均含有草甘膦，对中国人民的健康造成了潜在威胁。在华大面积推广含有不安全因素的农产品，违反中国的《食品安全法》。

在转基因作物不断增多的情况下，通过花粉传播等途径会使非转基因物种发生变异。转基因对生态系统的威胁有很多是难以预料的。一旦造成后果，往往不可逆转，会严重影响中国的生物安全、环境安全。

外国生物技术公司为了谋取利益而聘用中国官员担任顾问等职，向其支付报酬，这显然涉嫌行贿。

这些都危害了中国的正当权益和国家安全。中国应对此采取法律、行政等各方面的相应措施，限制这些生物技术公司的活动，对其违法行为予以处罚。

美国经常以国家安全为由，限制外国企业尤其是中国企业在美国的收购、经营等活动。如美国曾以危害国家安全为由，严格限制中国的中兴、华为等公司在美国的收购、经营等活动。美国有关部门并不和中兴、华为争论技术问题，而是直接挥舞国家安全的大棒。

2012 年 10 月，美国众议院情报委员会发表报告认为，中国两家通信企业华为及中兴可能对美国安全构成威胁，建议监管机构阻止其在美国进行并购，政府通信系统不应使用其设备，美国公司也应避免与其做生意。虽然在此之前由美国白宫下令进行的调查，并没有发现明显证据表明华为、中兴替中国政府从事间谍活动，美国众议院情报委员会仍认为，华为和中兴为中国情报部门提供了干预美国通信网络的机会，报告还称这两家公司未能解释他们在美国的商业利益以及与中国政府的关系。

事实上，这已经不是华为和中兴第一次受阻了。2008 年，华为与贝恩资本联合竞购 3COM 公司因美国政府阻挠而未成。2011 年，华为被迫接受美国外国投资委员会的建议，撤销收购 3Leaf 公司特殊资产的申请。2011 年 10 月，美国商务部阻止华为参与国家应急网络项目招标。

美国人的理由是维护国家安全。中国当然也应以其人之道还治其人之身，比照美国对中国企业的限制，重新规定美国企业在中国大陆经营的准入衡量尺度，直截了当地以国家安全的理由严格限制孟山都、杜邦—先锋等转基因种业公司在中国的经营活动，甚至取消外资或中外合资的种业公司在华注册。

中国不仅应警惕孟山都的背景，还应公开提出质疑，既然美国可以质疑中兴、华为与中国政府的关系，以国家安全为由阻止其在美国收购企业，中国当然也可以质疑孟山都与美国政府的关系，质疑其当年在东南亚等地的生物战行径的正当性，因此限制其在中国的收购、经营等活动。

考虑到对方会到 WTO 等国际组织申请裁定，必须抓紧时间研究怎样应对。应尽快组织研究队伍，分门别类深入研究现行规则，寻找其中对我有利的条款和不利条款，充分利用对我有用的条款，并在适当场合提出修改对我不利的条款。

世界上的规则是强者定的，是为强者服务的。要明白，崛起的大国不能只遵守别人制定的规则，必须逐步地部分地改变规则，必须自己制定规则，至少要参与制定规则，否则只能永远是别人的跟班。

中国在很多问题上，包括转基因、稀土、焦炭等都应使用国家安全的正当理由来维护自己的利益。西方大国在很多问题上采取的是霸权主义的态度：我想卖给你的，你必须买；我想买你的，你必须卖。这是事实上的强买强卖、欺行霸市，但这些都是借助现行规则干的，所以我们必须吃透现行规则，改造现行规则，使其为我所用。

今后中国在国际关系上应强调对等原则，别人如何对待我们，我们就如何对待他，以其人之道还治其人之身。比如中国对那些实施对华武器禁运的国家，就应以敌视中国、影响中国国家安全的理由，对其实施某些物资的禁运。

中国还应当运用法律手段处理转基因对我方造成的损失。事实上，世界各国曾多次运用法律手段处理涉转基因问题。爱尔兰曾因查出美国公司在普通玉米中混入转基因而对其处罚。美国法庭也曾判涉事生物技术公司向受损农户支付大笔赔偿。

如前所述，对待转基因的态度应是安全问题不容商量，科技问题充分研讨。

在科学技术研究方面，反转派、挺转派都应有权充分发表自己的意见。众所周知，科学精神就包括对各种现象、各种观点的求证精神。科学史的经验也证明必须让不同的学派发表意见，随意打压一种学术观点，压制一个学派，很容易对科学技术的发展造成重大不利影响。但是无论反转、挺转，任何学派的活动都要遵循科学规律，合法合规。

教育、科技的发展是中国成为现代化强国的重要基础，必须充分发展科技。要保证粮食安全、食品安全，必须发展现代农业，而发展现代农业，必须发展生物科技，对各种技术途径都应充分研究。在生物科技方面，中国不应停止对转基因的研究，同时也不能局限于转基因，应开辟多种途径，对杂交水稻、干细胞合成肉类以及国内外一系列具有增产、节水、抗寒、少施肥以及少用药等效能的新技术都应充分研究。发展农业生物技术，提高农业效率的途径并非只有转基因一种。不能有意无意地混淆概念，将转基因农产品研发推广与转基因技术研究，尤其是与现代农业生物技术混为一谈。

转基因的研究必须纳入科学合理的轨道。在中国的生物科技领域，目前转基因研究占据垄断地位，并不断通过非学术手段保持和扩大这种垄断，近年来中国的科研经费用于转基因方面的是用于非转基因的百倍以上，转基因研究事实上的垄断地位妨碍了正常的公平竞争，影响了科技进步、农业发展，也影响了国家安全。

事实证明，转基因技术不是发展现代农业的唯一途径，也不一定是正确的途径。近年来杂交水稻等技术取得了长足的进步，转基因能增产、少用药等承诺一直没有兑现，而中国却把绝大部分相关经费投到转基因方面，这种一边倒的局面显然不合理。今后应调整科技政策，改进科研决策机制、科研体制和运行机制，对转基因技术和其他有发展前景的农业生物技术都进行充分研究，并合理分配科研经费，严格审计科研经费的来源和用途，对所有新的农业生物技术都应进行严格客观的评估、审查。

另外，中国应有防范生物战争的意识。目前美国将大量科研经费用于生物防范。中国也应部分地将转基因的研究方向转为生物防范。这样一方面可以打造必不可少的生物盾牌，另一方面即使转基因的研究成果不搞商业化应用，所投入的科研经费也会取得效益。

在生物安全方面应有军事医学部门的参与。在这方面可以参考美国的做法，在美国的生物防卫体系中，军方是不可或缺的组成部分。军事医学部门有较强的人力、物力基础，能够胜任重要的检测、实验等工作，而且一般与商业公司没有或较少有利益关联，容易做到客观评价。

转基因在中国大行其道，是有许多科学技术之外的原因在推波助澜。转基因之争及其带来的诸多问题提醒我们需要反思当前中国的相关政策。除了前已述及的科技政策外，目前的农业政策和其他相关政策也有值得反思之处。

从表面上看，目前中国市场上充斥转基因大豆的因果关系大致是这样的：由于国内大豆产量不足，于是大量进口；由于进口对象国的大豆都是转基因产品，于是大量进口转基因大豆；由于进口的转基因大豆便宜，于是国产大豆销售困难，经常卖不出合理价钱；由于销售困难，中国豆农不得不减少大豆种植面积；由于国产大豆减少了种植面积，于是转基因大豆的市场份额进一步增加。

实际上问题远比表面所见复杂，这种现象是有来自国内外的深层原因的。中国豆农减少大豆种植面积既与国际资本对大豆的生产、销售、价格等方面的操控有关，也与中国的现行农业政策有关。中国现行政策对农业生产的补贴远不到位，不仅补贴数量少，而且按土地数量而不是按农产品数量、质量、品种补贴的方式也欠妥，对农民的支持、保护也远远不够，从事农业的效益低下，远不如进城打工，因而造成农民不愿务农；种植其他作物的经济效益往往高于大豆，因而造成豆农不愿种豆，转种其他作物。

使用转基因技术就能解决问题吗？答案是否定的。转基因技术解决不了中国的粮食问题、农业发展问题。转基因作物只是在大面积农田使用大农机的情况下，可节省人力投入。中国农业不是美国那种大片农田使用大农机的类型，需要较多具有一定农业技术的人力，这种模式并不适合中国农业的状况。

另外，多年来引进国外关键技术，从事中低端配套生产的产业政策，未必适用于当今的中国农业，目前中国农业科技已有相当的发展，已拥有一批成熟的或接近成熟的知识产权自主的高产品种，而使用转基因种子后，农民不能自留种子，必须每次向生物技术公司购买种子，事实上是农民向生物技术公司交税，提高了农民的生产成本，结果是中国农业为外国生物技术公司打工。对生物技术公司来说，只要推广转基因就能获利。无论是中国大量进口其农产品，还是购买其种子，或推广使用其关键技术的国产转基因种子都能使其通过产品或专利获得巨额利润。中国正在申请商业化的8种转基因水稻，均无独立知识产权，涉及一批外国专利技术，其中就包括孟山都、杜邦、拜耳等公司的技术。很显然推广这些品种，既受制于人，又要支付巨额专利使用费。

转基因的关键技术掌握在外国生物技术公司手中，发展转基因的结果从表面上看，是发展了高技术产业，但由于其掌握的是一些中下游环节，缺少关键的上游环节，这种关键技术在外的“高端产业”不仅受制于人，经不起风浪，而且即使产生了较高的产值，由于要支付专利费，其实际效益也要大打折扣，类似于前几年号称“高科技”风靡一时的光伏产业。

使用转基因种子需要支付大笔专利费用，即使增产，生产者也不一定增收，至少要打不少折扣；如果要保护生产者而提高粮价，消费者就可能买不起，或者滞销，或者加重消费者负担；如果补贴生产者，就会有相当一部分落入拥有专利权的外国生物技术公司囊中。大宗农产品的专利费需要长期地大量支付，是外国生物技术公司的巨额稳定收入，但却是中国生产者的沉重负担。鼓吹推广转基因技术者对上述这些避而不谈。

目前中国对农业的保护、对农民的支持不够，“农村真穷，农民真苦，农业真危险”现象仍然存在。历史的经验告诉我们，这种状况值得高度警惕。苏联、朝鲜等国在工业化的过程中，片面重视重化工业，忽视农业，曾造成严重的经济、社会问题。西方大国如美国、法国等在工业化的过程中，却始终重视农业，长期给予大量补贴和政策法律方面的支持、保护。即使付出大量补贴，即使受到国际上的巨大压力，也要支持和保护本国农业的发展。中国应该充分吸取这些方面的经验和教训，制定更符合中国现状和未来发展的农业政策，尤其应加大对农业的投入，通过农业补贴等方式，促进农业的发展。

农业补贴是政府对本国农业支持与保护政策体系中最重要、最常用的政策工具，它是指政府通过行政手段干预资源转移到农业领域，以支持本国农业的发展。农业补贴主要是对农业生产、流通和贸易进行的转移支付。农业补贴措施作为一个政策体系，起源于20世纪30年代初的美国。在WTO农业多边协议框架下，农业补贴具有两层含义：一是广义补贴，即政府对农业部门的所有投资或支持，如对农业科技、农田水利、农业生态环保等方面的投资，被称为农业协议的“绿箱政策”，WTO农业协议不限制“绿箱政策”；另一种是狭义补贴，指政府对农产品市场价格的支持、直接支付以及其他形式的保护，如对粮食等农产品提供的价格、出口或其他形式补贴，一般被称为“黄箱政策”，WTO农业协议不赞同“黄箱政策”，并试图通过多边贸易协议框架加以限制和削弱。根据WTO规定，“黄箱政策”的补贴额度，对发达国家限于农业总产值的5%以内，对发展中国家限于10%以内。入世谈判结果是，中国农产品价格补贴、投资补贴和投入品补贴最高限定可达到农产品总值的8.5%。也就是说，中国在农业补贴方面的“黄箱政策”补贴为8.5%。中国目前并未充分利用WTO的有关条款，农业补贴多年来远低于8.5%，2011年为3.67%，要提高中国农产品的竞争能力，避免农业遭受国外农产品的猛烈冲击，保护和促进农业的发展，就必须充分利用WTO规则，对农业补贴政策作出相应的调整。中国与其用大量外汇在国外购买外国债券，进行低效益的投资、收购，还不如用来在国内通过各种补贴支持农业的发展。

中国需要调整相关政策，不是由推广在国内外广受质疑、饱受诟病的转基因技术，而是通过推广真正有效的农业技术，保护自己的农业技术，大修水利，加大对农业的支持、补贴力度等措施，提高农业生产率，增加农业生产者的收益等来解决粮食问题、农业问题，进而维护中国的经济安全、国家安全。

中国应尽快完善有关生物科研、成果推广以及保护人民健康、维护消费者权益和国内生产者合法权益方面的立法并加强执法。

多数国家在生物安全方面都高度重视相关立法。2000年1月，蒙特利尔卡塔赫纳“生物安全议定书”谈判成功，130多个国家的政府已同意执行预先防范原则，并确保将国内和国际各级生物安全立法的重要性提高到优先于世贸组织的贸易协定和金融协定的位置上。

中国在生物安全方面也有相关法律法规。国家科委 1993 年颁布《基因工程安全管理办法》，国务院 2001 年颁布《农业转基因生物安全管理条例》，农业部 2002 年颁布《农业转基因生物标识办法》，但这些法律法规的层级还不够高，力度也还有待加强。

今后应加强在生物安全方面的立法。应在全国人大一级立法，制定包括生物国防法、生物科研法等重要法律，并由有关部门制定相关的下位法，要制定针对科学方面刑事犯罪的新法规、法条。通过立法，防范生物入侵带来的风险，规范包括转基因在内的生物科研，严格限制转基因作物的推广。应通过立法规定，各种新技术研究成果必须经长期观察，才能大面积推广。对不同的新技术，可以根据情况设定长短不同的观察期。

中国在保护人民健康、维护消费者权益和国内生产者合法利益方面都有相关法律法规，但面对生物安全的新形势，其覆盖范围和力度均还有待提高，今后也应对其进一步完善。

除了在国家层面立法外，还可以根据各地消费者、生产者（包括农民和企业）的意愿，由地方人大、政府部门制定地方法规，保护本地区的生物安全、环境安全、人民健康和消费者、生产者的权益。

中国不仅要尽快完善生物安全方面的相关立法，还要加强执法。要进一步明确执法的部门，执法部门的职责、权限，真正做到有法必依，严格执法。

综上所述，目前的转基因之争已不是纯科技论争，近年来生物技术公司在华的一些活动，严重损害了中国的利益，危及中国多方面的安全。我们对待转基因相关问题的态度应是科技问题可充分研讨，国家利益和安全问题不容商量；同时应尽快调整有关政策，完善有关生物科研、成果推广以及保护人民健康、维护消费者权益和国内生产者合法权益方面的立法并加强执法，促进我国的生物科研，维护生物安全、环境安全，切实有效地解决粮食问题、农业问题，进而维护经济安全、国家安全。

转基因战争较之鸦片战争有过之而无不及

（西安交通大学东方管理研究院院长　博士生导师）雷　原

转基因农业违逆自然，转基因种子对土壤破坏严重，土壤若被破坏了，农业种植也就难以持续了。转基因粮食对于人体伤害究竟有多大，我们至今很难确切讲清楚，从理论而言，凡是有违自然之性的东西一定不是好的东西，凡是没有经长时间检验的知识创新，人类是不敢普遍使用的，尤其是与日常生活密切相关的食品更应慎重对待。

转基因农业研发投资大，成本应该也高，目前由于西方资本主义国家支持力度大，很多成本是由政府买单，再加上转基因农业适合大规模生产，成本随规模而降低，因此在国际市场中具有竞争力，尤其是针对中国价格高的粮食市场，以及又不限制转基因的环境，更具竞争力。美国在农业方面竞争力强的一个重要原因就是美元成为世界结算货币，从某种意义上讲美国的财富是印刷出来的。由于美元的这一强势地位作为支撑，美国的很多产业的竞争力究竟优势在何处很难看得清，对转基因农业的认识同样是模糊的，尤其对其真实的成本问题很难算清楚。因此，对转基因农业生产成本、粮食价格是否低，我们无法作出判断。当然如果销量大，肯定会大幅度降低成本，也不排除在未来控制基因种子库而获得超额利润。转基因农业一定是大规模化的公司作业，规模太大的公司不适合中国的国情。转基因农业与中国传统文化中的道法自然的价值观是违逆的，仅凭这一点，我们就不应该鼓励转基因，更不能引进转基因，进口转基因。在现实社会，其他国家地区都对转基因采取了警惕的态度。

当今的欧洲是禁止转基因的，俄罗斯对转基因产品做过实验。2010 年俄罗斯科学家做的实验表明，转基因大豆伤害哺乳动物，令哺乳动物断子绝嗣。实验用的是繁殖力很强的坎贝尔仓鼠，对照用的是来自塞尔维亚纯种黄豆，这种纯种黄豆已经成为难寻的稀有之物，原因是转基因大豆商业化种植已经在全球普及：美国为 97%，阿根廷为 99%，巴西为 50% 以上。

俄罗斯实验由两个机构联合进行：俄罗斯全国基因安全协会和生态与环境问题研究所，领衔研究者是阿列克谢·谢洛夫博士（Alexei Surov）。仓鼠按每组一对分开饲养。第一组为对照组，喂以通常的鼠类动物饲料，第二组添加非转基因大豆，第三组添加转基因大豆，第四组用更高比例的转基因大豆。然后观察它们的行为、增重速度和繁殖。

起初一切正常。然而，第二代再次配对后出现了严重的情况。喂了转基因大豆的实验鼠生长速度很慢，性成熟推迟。当实验进行到第三代时，转基因大豆组仓鼠没有后代出生，表明它们没有繁殖能力了。第三代实验仓鼠甚至有毛发从口中生出的现象。这个令人惊愕的怪异现象在停止饲喂转基因食料后逐渐消失。

这是在小白鼠身上进行的实验，如此类推于人，人是否也一定在食用转基因食品三代后会绝嗣，也许人的生命力较之小白鼠强，也许不如小白鼠。但不管怎样，转基因食品对胎生类动物，也包括人类一定是危害巨大的。

有着悠久文明历史的人类，有必要对任何科学技术都以生命的断种绝嗣进行实验吗？敢冒这种风险吗？有必要冒这种风险吗？从人类历史经验可以得知，凡是违逆人类常道的任何实验，或者知识创新都是经不起检验的，对此人类无须进行尝试。

中国也有一项统计，30 年前男女青年在结婚 7 年内不孕率是 1.6%，而今天不孕率则是 30%，当然导致这项恶果不全是转基因造成的，但与转基因一定关系甚大。美国现在的状况也很糟糕：1900 年癌症是美国第十大死因，仅有 3% 的死亡与它有关；到了 20 世纪末，美国人 20% 的死亡由癌症所致。1900 年糖尿病影响了不到美国人口的千分之一；到了 20 世纪末，几乎 20% 的美国公民都会患Ⅰ型或Ⅱ型糖尿病。1900 年哮喘和相关的免疫系统疾病几乎闻所未闻；到了 20 世纪末，全世界至少有 1.5 亿患病者。1900 年妇女得乳腺癌的病例非常罕见；到 1969 年，每 20 个妇女中就会有 1 人得乳腺癌；到 2005 年，1/3 的妇女会得乳腺癌。1976 年美国全国癌症研究所所长阿瑟·阿普顿（Arthur Upton）告诉美国国会的一个委员会，所有癌症中有一半是饮食所导致的。2003 年美国控制和预防中心报告说，全美 2000 年出生的全部婴儿中至少有 1/3 会得糖尿病。上面这些情况表明，全人类都在遭受着不同程度的转基因灾难。

可以说转基因粮食就其理论而言是违逆自然的，也是违逆天人合一、心物一体价值观的，对此如果我们还信奉天人合一、道法自然、心物一体的基本价值理念，这种建立在天人二分、心物分离、违逆自然的理念下的科学产物，人类是不足信的，无须以人类断子绝孙的风险为代价进行实证。况且这种科学产物还未经得起长时期的检验，同时这种产物有很强的功利性，即赚钱为动机，就更加值得怀疑。

中国现在粮食进口估计每年已接近2亿吨。2亿吨粮食可以养活8亿人，这是一个很大的数字。一旦外国对我们实行粮食封锁，至少我们会有上亿人吃不饱饭，到那时，不吃转基因也来不及了。威廉·恩道尔（美）在其《目标中国》一书中写道：

转基因的生物工程是一大杀手，洛克菲勒基金会大手笔行动，其背后是一个大目标。无所不能的洛克菲勒基金会一手推动了转基因革命，靠的就是大把出钱。它的第一个大项目不是小麦而是水稻——亚洲人民的主粮作物！

没有洛克菲勒基金会的金钱，就不会有全球性的基因革命。从1985年到2005年，洛克菲勒基金会直接出资1亿美元，在全世界宣传基因工程和它改造全球食品生产的宏伟计划。他们的公开承诺是“殚精竭虑、坚持不懈地从事植物的基因工程”。虽然不能证明采用分子——计算机技术具有足够的合理性，测定水稻基因图谱的项目仍在1984年启动。在公开场合他们喋喋不休地宣传，为了应对将要到来的饥饿，必须做这么大的研究项目，世界人口还要增长几十亿，有那么多张嘴等着他们喂！而他们真正的目标是控制中国和亚洲的粮食。

洛克菲勒的基因革命以水稻为切入点，因为水稻是大部分亚洲国家食品安全的象征。全世界90%的水稻产于中国和印度，人们每日的主粮80%以上是稻米，水稻在西非、加勒比和拉丁美洲的热带地区也是主粮，大米是地球上24亿人民的主粮。驯化和培育水稻的历史长达1.2万年，适应千变万化的各地自然条件的耐旱抗虫品种被农民培育出来，从来无须“生物技术”插手。全世界14万个水稻品种表达了丰富得难以想象的生物多样性。

洛克菲勒基金会和美国政府早就盯上了亚洲水稻。远在转基因革命和国际水稻生物技术项目之前，20世纪70年代“绿色革命”的目标就是改造亚洲水稻。水稻品种的多样性在“绿色革命”中遭到横扫，亚洲的小农农业被纳入全球贸易体系。西方农业公司巨头为它们设计了信贷体系和销售模式，为它们建立了肥料、杀虫剂、农业机械的全球化市场。

真正的问题还不在于此。洛克菲勒基金会于1962年创办的菲律宾国际水稻所，趁亚洲“绿色革命”之机，以“保护品种”为名“收藏”水稻品种，把占总数1/5的、已知最重要的亚洲水稻品种都入了“库”。而更早于1960年由洛克菲勒基金会和福特基金会共同创建和维持的“国际农业研究咨询小组”（CGIAR），是收藏稻种的合法性大红伞，正是这家机构在伊拉克战前控制了伊拉克种子银行。洛克菲勒基金会以菲律宾为基地推行转基因革命，一点都不令人奇怪。

先正达、孟山都最终如愿把菲律宾国际水稻研究所变成自己的水稻种子库。“种子托管”只是借口，种子一旦到手、一旦进入生物技术巨头的实验室，就被改造了基因、加上专利保护，变成生物技术公司的知识产权。“与贸易有关的知识产权规定”（TRIPS）是一个名副其实的首创，1995年WTO成立时首次出台，目的是让跨国公司给植物和其他生物加置专利，窃为己有。

根据联合国统计，发展中国家约有1.4亿儿童患有某种程度的维生素A缺乏症，其中25万至50万人会因此致盲（比例约1/300），这的确是发展中国家新生儿死亡的原因之一。洛克菲勒基金会充分利用了这个“真问题”，1990年开始以国际水稻生物技术项目的名义下手，制造出一个“维生素A黄金水稻”神话，黄金水稻被不失时机地做成一张推广基因技术的“情感牌”、一面招兵买马的旗帜、一把画线站队的标尺，尽管关于补充维生素A的一切承诺，都是险恶的谎言和蓄意欺骗。

水稻种子代表的是一种生命符号。转基因的水稻种子却是一个杀手，因为水稻是24亿人民的主粮。

转基因产品用作人类食品和动物饲料很危险，全世界已经有足够多的独立研究证明。

中国在转基因管理方面有很多空子让人钻。美国粮食巨头如嘉吉、ADM、邦基等，已经操纵了中国的大豆进口。2011 年，中国进口转基因大豆 5260 万吨，其中一半来自美国（占美国大豆出口总量的 60%），2012 年第一季度到港转基因大豆刷新纪录，达 1250 万吨。进口转基因大豆已经超过中国大豆总用量的 60%，被中国人直接和间接消费了（通过饲养动物）。上述俄罗斯仓鼠转基因大豆实验，是否暗示中国人口三代之内可能不育？此事已经达到国民健康紧急风险事件水平，应该从国家安全的角度，提出紧急处理对策了。

然而，只要进口美国粮食的国家，还能用自己的种子生产粮食，那么它们就有能力最终摆脱对美国的依赖。从美国利益的角度看，唯一的解决方案就是垄断种子，用专利攫取种子品系的权属——转基因种子专利，就是它们最想要的、最大的国家利益。

因此，中国的粮食安全问题已经很严峻了，较之当年鸦片有过之而无不及。由此可见，以商业利益最大化的资本主义国家，其险恶狠毒的本性，是由来已久的，从未改变过的，鸦片战争时的列强本性依然如故。在当今世界只要商业文化还存在，资本主义还存在，世界将永无宁日，我们一定不可掉以轻心。

粮食安全问题，归根结底是一种文化方式的选择问题。维护粮食安全，首先要端正文化价值，构建精神防御体系，培养通专合一的人才，以纠缺道缺德的科学专业片面之弊，从而使科学在正确的文化价值指导下，有限度地发展；同时在学术教育方面要走一条独立自主的道路，切莫被资本主义国家牵着鼻子走。

推进中华传统文化的复兴，树立天人合一、以仁为本、心物一体、道法自然的文化理念，从价值理念层面建立起牢不可破的精神防御体系。为此还要在教育领域大力推广国学教育，将国学教育作为教育的核心内容，培养“道、德、仁、艺”合而为一的博通人才。

今日之很多问题就出在专而不通的学科教育与知识教育上。教育片面化、工具化、知识化。我们今天的很多院士也深受其苦，见树木而不见森林，自以为科学无国界，岂不知很多人打着科学的旗帜，为少数利益集团服务，甚至不顾忌人类的健康，连起码的人之所以为人的道德底线都没有了，利欲熏心，出卖民族与国家利益。当然也有很多人是被利用的，在思想学术上突破不了科学主义，自以为科学就是真理。岂不知科学仅是人类认识世界的一种方法，并由此方法得出了一些可供人类认识世界与改造世界的片面、偏颇的成果，很多成果并非经得起长时间的检验。如果作为人类的研究成果而不付诸推广或者仅作为一种实验活动，待这种成果经过了上百年，甚至上千年的验证无误后，才付诸改进人类的生活方式、生产方式的实践当中，这种科学活动是完全可行的。然而今天很多科学成果论证不充分、时间很短，实验的空间也很狭小，并且很多成果只为少数利益集团发财，根本无视人类和谐与可持续发展。

在正确文化价值观下，端正学术。学术错了，方向便错了，方向错了，越努力发展越快，人类离毁灭的日子会越近。学术与科学在当今竞争日益激烈的国际环境下，不仅学术有国界，科学亦有国界。教育又是传承科学、学术、文化价值理念的主要途径，因此教育、学术、科学经常会被利益集团绑架，使教育、学术、科学日益违背其精神，走向危害人类自身、违逆自然的轨道。

要坚信中华文化中的基本价值观，诸如天人合一、心物一体、以仁为本、道法自然，并且要以此为指导思想，梳理出一套中国学说体系，诸如中国政治学、教育学、科学、农学、经济学、军事学等，而不是一切以西方的学术、文化、教育马首是瞻，西方文化中欠缺天下观、道德观、生态观与循环观，更多的是偏颇、狭隘、崇尚利益、崇尚争而非让。

所以，粮食安全问题最终是一个文化方式的选择，如果不从此深层全面地认识粮食安全问题，此问题将永远不能从根本上解决，不从根本上解决，一定会越解决、问题越突出。

中国在应对“基因战”上存在致命性漏洞

（新华社世界问题研究中心研究员）杨民青

早在十多年前，有媒体和专家证实，一批具有代表性的中华民族人群基因资源已经流失美国。现在，至少可以从理论上说，中国应对基因战存在致命性漏洞。换言之，美国已经具备向中国进行基因战的前提条件和技术研究基础。为此，国家应予以高度重视，采取有效战略和战术措施。

一、转基因食品已作为缓释性武器

转基因食品究竟是否有害，是当前争论较大的一个问题。从基因武器的科学研究上说，业内人员已经注意到，转基因食品可以用来作为新型基因武器。

基因武器，也称遗传工程武器或DNA武器，其原理是以遗传工程技术，采用类似工程设计的办法，按设计者的需要，通过基因重组，在致病细菌或病毒中接入能对抗普通疫苗或药物的基因，或者在本来不会致病的微生物体内，接入致病基因而制造成生物武器，尤其合成生物学的发展，可实现人工设计与合成自然界并不存在的生物或病毒等。

基因武器改变非致病微生物的遗传物质，可使其产生具有显著抗药性的致病菌，利用人种生化特征上的差异，使这种致病菌只对特定遗传特征的人们产生致病作用，从而有选择地消灭敌方有生力量。

在基因武器中，微生物基因武器是第一大类型。其中，主要有：利用微生物基因修饰生产新的生基因武器物战剂，改造构建已知生物战剂，利用基因重组方法制备新的病毒战剂；把自然界中致病力强的基因转移，制造出致病力更强的新战剂；把耐药性基因转移，制造出耐药性更强的新战剂。

毒素基因武器是基因武器中第二大类型。天然毒素是自然生物产生的，但是，通过生物技术可增强其毒性，从而制成自然界所没有的毒性更强的混种族基因武器，这是当前基因武器库中最具诱惑力的新成员，也是最具威力的一种。

克隆武器是基因武器中的第三大类型。这种武器是利用基因技术产生极具攻击性和杀伤力的“杀人蜂”、“食人蚁”、“血蛙”或“巨蛙”类新物种，再利用克隆技术复制，未来战场上，出现怪兽追杀人的残酷场面，有可能不是天方夜谭。

就基因武器的杀伤方式来说，以上三类基因武器可称为爆发性武器，即：研制者和使用者可通过传统武器的方式，对既定目标进行爆发性的打击，而作为第四类基因武器的转基因食物，与上述三种爆发性武器不同，可称其为缓释性武器。

从原理上讲，转基因食品如何成为基因武器的呢？这些是人们尚未深刻认识的。这种基因武器是利用基因技术对食物进行处理，制成强化或弱化基因的食品，诱发特定或多种疾病，降低对方的战斗力；此外，这种技术还可能以研制转基因药物，通过药物诱导或其他控制手段，既可削弱对方的战斗力，也可增强己方士兵的作战能力，培育未来的“超级士兵”。

包括转基因食品的基因武器，具有传统武器不具有的威力，主要特点如下：一是有精确的敌我分辨能力，只攻击敌方特定人种。二是难以防治，有抗药性，有传染性。秘密施放，难以察觉；若已察觉，也很难破译其遗传密码并进行有效治疗。只在所攻击的同类人种中有传染性。三是杀伤力大，成本低廉，运用遗传工程技术可以大量生产。四是对敌方有强烈的心理威慑作用。

令人不安的是，多少年来，包括军事医学界在内，人们重视对爆发性基因武器的研究，但是，对缓释性的基因武器却有所忽视，尤其是不少人对转基因食品可成为新型的基因武器重视和研究不够，对生活现实中转基因食品中的有害性，甚至危险性或多或少有所忽视。

二、基因武器向实战化和战术化逼近

从基因学研究结果分析，基因武器的使用方法简单多样，可以用人工、飞机、导弹或火炮把经过遗传工程培养过的细菌、细菌昆虫或带有致病基因的微生物，投入目标国家的主要河流、城市或交通要道，让病毒自然扩散、繁殖，使人、畜在短时间内患上一种无法治疗的疾病，使其在无形战场上静悄悄地丧失战斗力。由于这种武器不易发现且难防难治，一些科学家对其的忧虑，远远超过了当年一些核物理学家对原子弹的忧虑。

基因专家指出，关注基因武器在人类基因组多样性的研究中，已经发现人种之间确实存在基因的差异。这种差异，很可能被种族主义者和恐怖主义分子所利用。他们可以根据不同种族基因组多样性特点，采用基因工程技术手段，设计、研制出针对某一种族的基因武器，从而对某一种族或国家的安全造成潜在的和巨大的威胁。

基因专家指出，在战略上，基因武器将使作战方式发生明显变化。使用者只需要在临战前将经过基因工程培养的病菌投入他国，或利用飞机、导弹等将带有致病基因的微生物投入他国交通要道或城市，让病毒自然扩散、繁殖，使敌方人畜在短时间患一种无法治疗的疾病，从而丧失战斗能力。此外，基因武器可根据需要任意重组基因，可在一些生物中移入损伤人类智力的基因。当某一特定族群的人们沾染上这种带有损伤智力基因的病菌时，就会丧失正常智力。

基因专家指出，在战术上，基因武器不易被发现，将使对方防不胜防。因为经过改造的病毒和细菌基因，只有制造者才知道它的遗传“密码”，其他人很难破译和控制。同时，基因武器的杀伤作用过程是在秘密之中进行的，人们一般不能提前发现和采取有效的防护措施。一旦感受到伤害，为时已晚，在此之前早已遭到基因病毒的侵袭，很难治疗。此外，基因武器还有成本低、持续时间长、使用方法简单、施放手段多样、不破坏敌方基础设施和武器装备等特点，具有较强的心理威慑作用。

有媒体披露，如今至少美国、俄罗斯和以色列都有研制基因武器的计划。美国已经研制出一些具有实战价值的基因武器，他们在普通酿酒菌中接入一种在非洲和中东地区有的裂各热细菌的基因，从而使酿酒菌可以传播裂各热病。

有媒体披露，许多年前，美国已完成了把具有抗四环素作用的大肠肝菌遗传基因，与具有抗青霉素作用的金色葡萄球菌的基因拼接，再把拼接的分子引入大肠肝菌中，培养出具有抗上述两种杀菌素的新大肠肝菌。俄罗斯已利用遗传工程学方法，研究了一种属于炭疽变素的新型毒素，可以对任何抗生素产生抗药性，如今找不到任何解毒剂。

有媒体披露，以色列正在研制一种仅能杀伤阿拉伯人，而对犹太人没有危害的基因武器。以前，还曾传说苏联将眼镜蛇毒与流感病毒结合，使患者同时出现流感和蛇毒症状，除了这个，苏联还研究出了一种毒素，20 毫克可以杀死 50 亿人。

有媒体披露，用 5000 万美元建造一个基因武器库，杀伤效能远远超过 50 亿美元建造的核武器库。英格兰布拉德福德大学马尔科姆·丹多教授在《生物技术武器与人类》一书中曾描述说，只要用多个罐子把 100 公斤的炭疽芽胞散播在某一个大城市上空，300 万的市民就会立即感染毙命。

有媒体披露，美国曾利用细胞中的脱氧核糖核酸的生物催化作用，把病毒的 DNA 分离出来，再与另一种病毒的 DNA 相结合，拼接成一种具有剧毒的“热毒素”基因毒剂，用其万分之一毫克就能毒死 100 只猫；倘用其 20 克，可以使全球 60 亿人死于一旦。

早在 1995 年，美国西南部曾一度流行鲜为人知的病毒——“汉江”病毒。当时，美国有关生物学家动用最先进研究手段，用了整整 5 天，才查明这种病毒的属性，找出有关抗病毒的方法。看来，20 克“热毒素”足可将全球 60 亿人灭绝，绝非耸人听闻！

进入 21 世纪，随着基因技术研究的更加深入，美国塞莱拉基因组公司董事长克雷洛·文特尔，曾经通过新闻媒体向全人类发出警告：“人类掌握了能够对自身进行重新设计的基因草图以后，也就走到了自身命运的最后边界。”这一警告与当年人类首次核爆炸成功后，史称“原子弹之父”的罗伯特·奥本海默心中发出的“我成了死神，世界的毁灭者”的感觉如出一辙。

三、多年前中国人群基因资源已失控

要研究针对某一种族人群的基因武器，必须获得某一种族人群基因资源，于是，某一种族人群的基因资料——足够量的血清便成了事关民族和国家存亡的生命密码。换言之，在人类必须面对基因战的时候，种族人群基因资源便是其生命源泉。

多年来，西方一些国家的生物科学家曾以国际科学研究协作的名义，要求一些国家及组织，主要是发展中国家及组织提供有关人群的基因资源——DNA 血液样本。为此，他们不惜花费高昂费用，甚至以扶助贫困国家医疗卫生和人民健康为由，想方设法得到这些国家的人群基因资源。其中，一些发展中国家对此可能造成的危害性和严重性一无所知，这样便有可能成为严重危害国家和民族生存的极端的无知行为。

不可否认，其中有属于科学家良知的科学行为，但是，同样不可否认，其中有属于阴谋家绝密的战争行为。由于人们缺少对生物武器的理解和认识，特别缺少对生物武器领域有计划、有组织的舆论传播，不清楚基因武器的巨大的杀伤力和恐怖性，很容易将自己国家和民族的生存密码——基因资源拱手让给他人。

如果真的这样，就等于放弃了自己国家和民族的生存权。当今世界，生物武器的发展日新月异。海外媒体透露，现在，人们如果掌握了某一民族的基因资源，完全可以根据需要，制造出针对这一人种的基因武器，如：专门杀伤黑头发人的武器、专门杀伤金色头发人的武器，或专门杀伤黑眼睛、蓝眼睛人的武器，或专门杀伤身材高大、身材矮小人的武器等等。在一些清醒的生物科学家眼里，基因工程曾被称为“世界末日”的发明，这句话并非耸人听闻的恐吓，实属有预见的善意提醒。

在这方面，基因战的“枪声”早已响过，并载入人类史册。1990年4月，美国有两个研究小组宣布，他们使用一种“基因枪”，把涂有外源基因的小弹丸射到了玉米细胞中，得到了预期的效果。这让人不难联想到，谁能保证这种针对玉米的“基因枪”永远不对准人类呢？如果某一组织真正获得了一个国家或一个民族的DNA血液样本，也就等于这个组织获取了这一国家提供的随时有可能被全部杀伤的“民族名单”，这样的严重后果不是常人能想像的。

自古以来，先进的科学技术是一把锋利的双刃剑。人类的DNA血液样本，如果真的被科学家用来进行学术研究，很可能造福全世界；如果这些DNA血液样本被某些战争狂人所利用，在他们认为必要的时候，则有可能导致某一国家和民族的巨大灾难。

众所周知，人类基因组计划是上个世纪80年代中期由美国人最先提出来的。6个参加国分别是美国、英国、法国、日本、德国和中国。按有关协议规定，参加这个人类基因组计划的国家，在完成分摊的基因研究和试验的情况下，有资格得到和使用基因组计划的全部成果。

据国防大学教授乔松楼在一篇文章里透露：“美国人一度想从我们这儿买走1亿人份的血样，一份多少钱？3美元。美国人想用3亿美元，买走1亿份中国人的血样，替中国去研究中国人的基因。假如真的如此，后果不堪设想。现在报纸刊物上不是都在讲嘛，说有人正在秘密研究基因武器，一旦搞出来，只对某个民族起作用，而对别的民族不起作用，就像种稻子，现在有一种专门杀稗子而不杀稻子的农药。我们的基因掌握在别的国家手里，将来如果发明出一种武器，只会消灭我们这个民族，那将是多么可怕的情形!”

早在 2002 年 3 月 28 日，美国卫生与服务部所属的“人体研究保护办公室”通过互联网，致信哈佛大学公共卫生学院，通报其有关调查，而这项调查对中国人来说，足已骇人听闻了。

这项调查披露，受哈佛大学支持的有关人员，在中国从事的基因研究存在“广泛而严重”的违规行为，“责令”其停止研究，并对其负责人表示“谴责”。

调查认为受哈佛大学支持的有关人员，在对中国进行的基因资源研究中，至少在以下四个方面有“严重的违规行为”:

一是在中国的基因调查资源项目大大超出了批准规定，来中国从事基因研究和调查的哈佛大学人员曾得到中国有关部门的批准，而直到 2001 年 1 月，批准的项目仅有 3 个，但是，据美国有关调查证实，他们实际的调查研究项目已达到 15 个。

二是受哈佛大学支持的有关人员采集的中国人的血液标本量，大大超出了批准的规定，据美国调查报道披露，当时中国有关部门批准其采集中国人的血液量为“2 茶匙”，但实际则为“6 茶匙”。

三是采集血液的人数大大超过了批准规定，在哮喘病基因这一项调查和研究中，有关部门原只批准采集 2000 人的血液，但是，实际被采集的中国人竟为 16686 人。

四是许多被调查的血液采集者不知内情，根据有关的国际规定，被采集血液标本者，有知情权。但是，美国的调查报告披露，在中国从事调查的哈佛大学有关人员有严重的隐瞒实情之嫌，从接受基因调查的人看，有的仅凭一纸流于形式的协议，有的协议日期明显属于事后补填，有的被调查者的签名笔迹与本人不符，多份协议出自一人笔下。

然而，问题的严重性不限于此，即：不在于美国哈佛大学有关人员在血液调查中，是不是有“严重的违规行为”，而是他们的“严重违规行为”背后，究竟走到了哪一步。换句话说，他们“严重违规行为”的目的究竟是什么？

看过美国调查报告的人，特别是那些中国之外的读者，有的以为美国有关部门是出于人类基因组计划的规定，不排除其出于人道主义的目的，以及对中国受损害者的国际同情。

然而，从字里行间里，有人读出了其中的危险性所在。这一危险所在一旦呈现在人们面前，几乎没有一个中国人不感到如坐针毡、芒刺在背。其中，最为关键的问题是：中国的人群基因资源是否已经失控，是否已经流失到境外，是否被境外的敌对势力或敌对分子掌握。如果这些基因资源流失到境外，后果不言自明。

在美国哈佛大学研究人员的违规行为中，最关键和最致命的是他们采集的血液人数、血液量以及被调查者的地理分布情况。美国公共卫生部门的报告中承认，哈佛大学的有关人员在中国一些地区，曾经对上万人进行了血液标本的全面调查。

从基因理论上说，获取一个人8毫升的血液，就完全可以建起其基因文库，从而获取其全部的基因资料。现在，即使按美国调查报道披露的“6茶匙”计算，每个被采血者的血液量绝不止8毫升。

中国安徽山区的一位被美国哈佛大学有关人员采集血液的农民说，他被抽去的血液足有“两管子”。显而易见，作为一个国家卫生部门的正式调查报告，其计量单位显然应该使用国际惯例通用的标准表述，但是，作为科技大国的美国，在一份严肃的调查报告中，却使用了违反科学常识的模糊词语——“茶匙”，这是很难让人理解的。在他们看来，“茶匙”是微不足道的。

对此，中国的有关媒体并非一概沉默。多年前，早有报刊披露，中国有见识、有责任心的记者通过深入调查发现，哈佛大学有关人员在安徽省安庆地区还获取了5000份孪生子的血液标本。专家们说，孪生子的基因由于基因缺陷特点甚为明显，更容易发现其基因遗传密码规律。

安徽省的安庆地区农村人口流动性小，血缘关系稳定，人们服用药物少，当地人有定居千年的历史，这里的人群基因，如同隐藏很深的山泉一样清沏而透明，长期以来没有被污染。因此，基因特性特别突出。可以说，这是掌握中华民族人群基因的最佳选择。

据当地协助美国哈佛大学从事基因调查的卫生人员说，中方与美方的合作已有10年左右时间。其间，由于中方没有人参与全程监控，究竟有没有中国人群基因资源被美国哈佛大学的研究人员带出境外，以及究竟有多少中国人基因资料被带出境外，是难以确定的。

在现代社会，尤其是生物技术突飞猛进的年代，一个国家或一个民族，如果真正丢了宝贵的人群基因资源，便等于丢了民族生命密码，便等于丢了民族生命的灵魂，这一切并非耸人听闻。西方国家绝不允许境外研究人员在本国大量采集血液标本，即使开展国际性的合作研究，也绝对严格控制本国血液样本出境，成千上万人的血液标本流失境外，连具有正义感的国际科学工作者也难以理解。

2001年4月，联合国教科文组织在中国杭州召开生物技术与生命伦理研讨会，美国一位专家在会上振聋发聩地指出，受哈佛大学支持的美国有关研究人员在中国从事基因研究的最大弊端是，在主管研究的那位美籍华裔副教授和中国主管部门、协作单位之间，他是唯一的沟通渠道。

有专家指出，中国的人群基因资源流失，经济损失难以估量。因为，有人可以根据这些基因资源，研制出有显著疗效的新药物，从而轻而易举地占领中国未来巨大的医药市场、医疗市场。这样，中国将必然付出极为沉重的经济代价。

多年来，国际医药的商家们一直注意研究和紧紧跟踪中国潜在市场。正因为如此，当年受哈佛大学支援的美国研究人员，来中国从事基因资源调查，得到了具有国际背景的国际大医药公司丰厚的财力支持。

在杭州会议上，另一位外国专家提醒中国说，现在，应该追查那些失控的中国人群基因血液标本的下落，如果落到敌视中国的人手里，那将是一件非常可怕的事情。因为，从这些基因资源中，容易找到民族人群基因的缺陷，这等于找到了可对这一民族进行致命性攻击的“靶点”。敌视中国的国家或集团组织以及个人，可以根据这些基因材料，在必要时研制针对这一民族的基因武器。

上述事实说明，早在十多年前，我国民族基因的资源至少已经失控，有可能已经流失境外。中国不仅面临医药市场的经济威胁，而且面临基因武器严重的军事威胁。也就是说，长期以来，中国已经产生难以应对基因武器的巨大漏洞。中华民族到了最危险的时候，不仅仅在国歌中，而且在人们不知不觉的现实中。

针锋相对地反制对华“转基因战略”

（中共中央党校国际战略研究所教授　博士生导师）亓成章

中华人民共和国的国家安全，是一个综合体系。它包括经济、政治、文化、国防、信息、粮食和能源等多方面的安全因素。在国家安全体系的综合因素中，粮食安全因素是国家安全的基础性要素。再加上中国是世界上人口最多且人均耕地面积和水资源相对较少这一特殊国情，粮食安全问题就显得格外突出和重要了。根据当前世情、国情和党情继续深刻而复杂的变化，为了保证我国粮食与国家安全，从以下几个关键着力点上去做工作，显得尤为重要。

一、进行全民粮食安全教育

从表面现象看，全国人民目前的思想状况，似乎粮食安全问题还不是一个非常突出的问题。然而，由于目前全国人民人人还有饭吃，全国还没有发生像1960—1962年那样的大规模全国性自然灾害，因而并没有感觉到粮食安全的直接危机。但是，对拥有13亿人口的大国来说，“民以食为天”，一旦出现粮食短缺或无粮问题，那就是极其重大的社会问题。因为，“缺粮则人心不稳，无粮则社会动乱”。为此，首先，要对党政干部进行粮食安全的思想教育，要把每一个干部的思想统一到习近平主席2013年11月28日在山东农科院召开座谈会时所表达的思想上去，即：“手中有粮，心中不慌。保障粮食安全对中国来说是永恒的课题，任何时候都不能放松。历史经验告诉我们，一旦发生大饥荒，有钱也没用。解决13亿人吃饭问题，要坚持立足国内。”其次，要通过电台、电视台、报纸、杂志等大众媒体向全中国人民进行粮食安全普及教育。“缺粮则人心不稳、无粮则社会动乱”的现象，在中国历史上曾多次重复出现过。要让全中国人民自觉养成“人人爱惜粮食、人人节约粮食”的良好习惯；要在中国全社会养成“节约粮食为荣、浪费粮食可耻”的崇高社会风尚。第三，根据目前我国转基因粮食普及的程度，客观而谨慎地向人们说明全世界大多数国家尤其是主要国家转基因粮食生产与食用的情况，以资中国人民借鉴和警觉。从正面引导人们正确对待转基因问题，这既是一个科学问题，又是一个国内和国际政治问题。从科学角度讲，完全应该加大力度和投入进行深入研究，搞清楚转基因究竟对人类是有益还是有害。有益在什么地方，有害又在哪里。对中国人民而言，转基因同时又是一个十分严峻而又现实的国内和国际政治问题。对国内而言，因为转基因生产和转基因食品的生产与应用已经到了“马上禁止就会引起社会大动荡”的不可收场的程度；从国际政治角度看，美国对中国实施的“转基因战略”问题确实令人担忧。在以美国为首的西方七国集团至今对华实施高端产品和高技术封控的情况下，美国人的外贸出口集团公司和美国的种子公司为什么那么热情地向中国人民出口转基因大豆和转基因种子呢？为什么那么热情地邀请中国农科人员到美国学习或联合研究转基因种子培育呢？在同样的情况下，又为什么欧洲大多数国家至今却禁止食用转基因产品呢？面对诸多疑问，难道我们中国人不应该“留个心眼”吗？

二、摸清中国土地和劳动力家底

为什么要提出摸清中国土地和劳动力家底这一看似很普通的问题呢？因为大多数干部就中华人民共和国的实际掌控版图面积是多大都说不正确，所以才有必要提出这一看似简单而实际并不简单的问题。为此，第一，国家统计局要一个省、一个地区、一个县地逐一掌控实际现有土地面积数字，尤其要掌控能够种粮食和蔬菜的土地面积究竟是多少？全国可耕种的土地达没达到国家确保的所谓 18 亿亩土地这一红线？这一点一定要做到。第二，摸清能够种地的实有劳动力数字。因为只有土地，没有人去种地，把土地撂荒等于无地。所以，劳动力情况必须同时要摸清楚。要确实解决个别农村出现的 3860（妇女及 60 岁以上的老人）部队种地的不正常状态。第三，在所有撂荒土地的地方，一定要追查责任，查明原因，采取措施，保证做到地有人种，粮有人收和储，以真正做到确保我国的粮食安全。第四，对滥用土地、非法占地的个别干部、土地开发商等不法之徒，一定要严惩，绝不能姑息迁就。否则，确保粮食与国家安全，就会实实在在变成一句空话。

三、搞清中国水资源家底并采取新举措

从全世界人均水资源占有量来看，中国是占有量相对较少的国家之一。人要生存、要种庄稼，缺水肯定不行。这在客观上要求我们：(1) 要让全国的党政干部都知道，在中华人民共和国的土地上现有江河湖水资源究竟是多少立方米，以增强全民节水意识；(2) 搞清楚我国的原有水库和水利设施可利用程度如何，该维修的必须要维修。(3) 搞清楚我国现有可耕地与我国水资源是否匹配；如不匹配，应该打井的地方就应该打井，应该修水库的地方就一定要修水库或修水坝，且必须落实。(4) 动员一切可以动员的力量，在全国范围内大兴水利工程；可以出义工，持之以恒。

四、创新高科技的现代化农业

在美国等西方国家一个劲地向中国推广转基因种子的情况下，中国人民发奋创新高科技的现代化农业尤为重要。为此，(1) 中国一定要培育出真正适合中国国情的粮食良种。对于外国的好种子我们并不拒绝，但我们一定要仔细试验、认真研究，做好外国种子中国化的转变工作，即一定要适合中国的国情，绝不能盲目引进。(2) 在我国大片沙漠和戈壁地区，要像以色列那样试验并推广无土栽培，以更好地解决和扩大我国耕地问题。(3) 保障有机肥和无机肥供给，要确保粮食丰产丰收。(4) 要利用现代高科技保种保收，科学储粮；实行种、储分离。(5) 大力发展

中国现代化大农业，真正解决中国人自己养活自己的粮食问题，以确保国家安全。譬如：在有条件的地方，要建立大农场、大种植基地。要努力培养成千上万个有知识、有文化、有能力和懂技术的能够保证一个县、乃至一个地区粮食供给的新时代的大农场主。

五、必须对美国对华实施的“转基因战略”采取针锋相对的反制举措

在美国对华实施高端产品和高端技术封控的情况下，美国为什么要把转基因技术和种子卖给中国？为什么有些学者只经过几个月或几年的试验，就下结论说转基因产品无害呢？（1）欧洲国家的科学家不如中国的科学家有水平？欧洲大多数国家禁止食用转基因主粮，而我们就那么勇敢地食用？（2）要从组织上查清全国各省、市、自治区已设科技园区、生态园区、生态研究中心推广转基因种植的面积，以规范科学研究。（3）彻底查清中国现有各类谷物被转基因化的程度，要有组织地培育中国自己的优良新品种，就像袁隆平院士的杂交水稻一样去认真培育；就像云南生态研究中心那中元同志那样的研究成果，只要可靠，也可以在全中国推广试种。

坚决查处我国转基因科研链、产业链十二大漏洞

（财经杂志编辑）尹帅军

2010 年至今，转基因大讨论已经进行 4 年。大讨论暴露出我国转基因科研链、产业链，从基本理论、立法、发展规划、经费审批、科研内容、科研体制、安全评估、实验、审批，再到推广、监管、生物国防、善后赔偿等，均存在大量漏洞和问题。

一、基本理论

在科学界，转基因的基本理论“一个基因只编码一个特定的蛋白质”，其实早已过时。这是 50 年前的理论。科学界早已取得共识，基因与蛋白质之间并不是一一对应关系。对于基本理论是错误的转基因技术，我们需要对其进行全面深刻的认识和反思，需要对现有的科研、实验、开发进行深刻反思。

二、立法领域

2002年7月1日施行的《转基因食品卫生管理办法》曾有规定，“转基因食品的食用安全性和营养质量不得低于对应的原有食品”。但是在该管理办法废止后，新的法规中都将此条规定删除。

不仅如此，卫生部新颁布的《新资源食品管理办法》，还将转基因农作物、食品的最关键权利——审批权，交给农业部。有公众代表曾向卫生部举报转基因违法现象，卫生部以公文形式回复，让公众代表“按照《农业转基因生物安全管理条列》向相关部门提出诉求”。

《粮食法（草案）》中虽然规定“任何单位和个人不得擅自在主要粮食品种上应用转基因技术”，但是“不得擅自应用”这条规定，并没有强制约束力。在没有完善立法的条件下，转基因技术获得巨额拨款，全面推进，并出现许多违法违规行为。

另外，农业部自己也承认立法漏洞很多。在“生物安全国际论坛第五次研讨会”上，公众代表指出转基因立法漏洞很多。农业部的一位处长也承认了这一点，当时指出了三个漏洞：

首先，关于常规种子审批的有关规定，并不要求对其进行转基因检测，所以根本不可能知道其是否是转基因种子。一些知名科学家就是借此蒙混过关，将转基因种子以常规种子的名义申报通过，并市场化。

其次，每年进口5000多万吨转基因大豆，却不对其草甘膦农药残留进行检测，因为没有检测标准。而进口的转基因大豆草甘膦残留是国内普通作物残留标准的20倍左右。

第三，由转基因作物与非转基因作物杂交后产生的新的作物品种，相关规定中，没有要求对其进行转基因作物的安全试验和审批，而是把它看作常规品种来审批。此漏洞将转基因作物合法化。

类似的法律问题还有很多，所以迫切需要制定一份针对转基因的大法。

三、发展规划和经费问题

转基因重大专项的资金是240亿元，这个数据毫无疑问是准确的。另外，光明网还披露，围绕转基因产业化，中国已投入1200亿。一位科学家估算，如果将转基因重大专项、“973计划”、“863计划”、“支撑计划”等涉及转基因的部分，再加上各部门、各省市和生物公司的投入，应该有1200亿。

另一位资深专家推断，虽然找不到准确数据，但是有一点可以断定，转基因育种与常规育种经费的差距极为悬殊，几十倍、上百倍都有可能。

这样畸形的投资比例，导致农业技术人员不得不搞转基因。

四、科研内容的漏洞

很多专家学者认为转基因育种开发并不是什么高端技术、新技术。而转基因赖以立足的基本理论基因基础科学、生命科学和生物防卫技术，则是我们应该大力支持的。

另外，近年来我国国民的身体素质呈现下降趋势。广西在校大学男生精液过半不合格，中国不孕不育患者超 5000 万，类似的报道很多。还有，许多养殖户的家中地面上堆满玉米，却不见老鼠。所有这些与非法、合法的转基因有什么关系？不得而知。国家应该多做这样的大型调查和研究。

五、科研体制容易被跨国公司分化瓦解

在转基因的基础研究领域，和许多人的推测不同，美国实行的恰恰是国家集中体制，而中国则是散兵游勇，一盘散沙。中国转基因的研发费用，分散于各高校、科研院所及种子公司，很容易就被跨国公司分化瓦解。新闻报道中关于我国种业的危机已经讲得很多，不再赘述。

六、安全评估和实验问题

国家有规定，转基因专项经费中，20% 用于安全评估试验。但是这个规定却被转基因院士的一句话否决了：“很安全，不用做。”

另外，已经颁布了转基因安全证书的几个作物品种的安全实验，也存在问题。

某院士获得了两个转基因水稻的安全证书。他说转基因水稻比喝水还安全，依据是 8 天抗虫 BT 毒蛋白灌胃实验。实验中，用外界培养的 BT 蛋白给小白鼠灌胃，小白鼠安全，得出结论转基因水稻安全。这个实验表明他们将外界培养的 BT 蛋白，等同于转基因水稻中的 BT 蛋白。他们认为抗虫 BT 蛋白植入稻米的过

程是物理过程。但这个过程不是物理过程，也不是化学过程，而是更为复杂、高级的生命过程。

打一个简单比方。一个人，若是腿上中了一枪，子弹没有取出来，若是这个人还能活下去，并且结婚生孩子，那么孩子体内绝对不会有子弹。子弹进入身体的过程是物理过程，子弹不会遗传给下一代。但是转基因育种过程却不是这样，外源基因会遗传给下一代种子。这是根本性的差别。

还有，进口的转基因大豆评估实验，也存在问题。90 天喂养 SD 鼠抗农达转基因大豆 40－3－2 实验，90 天喂养 SD 鼠抗草甘膦转基因玉米 NK603 实验。两个实验，疾控中心没有检测样本的转基因成分，以验证其是不是转基因品种。也没有检测样本的草甘膦农药，以验证其与进口的大豆是不是同一种类型的产品。

鉴于以上情况，我们建议农业部公布已经颁布了“安全证书”的所有转基因作物的实验报告。同时推动由国家安全、军队、环保部等部门和机构，组织跨学科专家，对实验进行严格审查。

另外，还需要全面评估现有的实验和评估体系。现有的 90 天动物喂养实验肯定是不够的，应该做长期、全面、客观、真实的实验和评估。

七、审批过程

农业部下属的国家农业转基因生物安全委员会，是颁布转基因安全证书的机构，其中多人是搞转基因的。自己申请，自己审批，黑箱操作，难以保证科学性、客观性。

我们建议在《粮食法》、《食品安全法》中写明：转基因的育种工作交给农业部门，但是转基因的安全审批、管理工作交给专门的委员会，委员会由国家安全、军方、环保等部门的专家、公众代表组成，委员会也可以吸收农业部、卫生部的代表。

八、非法种植、流通，缺乏标识

新闻报道中关于转基因产品的非法种植流通已经有太多，还有一些知名科学家将转基因种子以常规种子名义申报通过，并大规模种植。这些行为没有受到有力惩处。

九、转基因大豆的审批问题

2011 年有人曾向农业部递交政府信息公开申请表，要求农业部出具批准进口孟山都转基因大豆的审批文件和实验报告。

根据相关法规，进口转基因产品需要三方面的科学实验文件和审批文件，包括输出国美国的实验报告、中国农业转基因生物技术检测机构的实验报告，以及农业部委托的第三方实验报告。

但是在农业部提供的文件中，没有看到任何有关“三方”科学实验报告的内容。

2013 年 6 月农业部又批准进口三种转基因大豆，公众代表要求公开实验报告，农业部说是商业机密，不予公开。

十、没有科学刑事犯罪的规范

今天我们修建下水道、盖楼房，还有质量安全的终身负责制度，但是涉及13亿人民的大事却无人负责。我们需要明确科学刑事犯罪新规范和量刑的新原则，强化科学家和科研机构的风险意识、法律意识。

十一、没有生物国防体系

美国有两部生物国防法，中国没有生物国防法。

美国参与生物国防行动的机构多达15个，不仅有农业部，更有国务院、国防部、参谋长联席会议、国土安全部、环境保护署、卫生部等。而中国只有农业部负责转基因育种，生物国防的机构还没有建立起来。

美国从2003年开始，为生物国防行动拨付600亿美元，而中国对生物国防的投入却是空白。

十二、没有善后赔偿机制

国家要求对转基因生物及产品进行标识，但尚有许多不标识的情况，当公众购买了未经标识的产品后，却不能与生产者和销售者打官司，不能得到赔偿或补救。若是出现环境损害、健康损害，也难以诉诸法律。

根据以上各点，我们建议成立“转基因安全国家调查委员会”。以国家安全、军队、环境、医学及有关部委、各方面专家、公众代表为基础，对转基因问题进行全面国家调查。

在没有对转基因的基本科学理论体系进行深刻反思之前，在没有对现有的科研实验进行深刻反思之前，在上述漏洞、空白、后门不被堵住、纠正之前，在上述的违法行为不被调查处罚之前，应该禁止一切转基因农作物、农产品、食品的商业化。

粮食正在还原它的政治武器特色

（中国现代国际关系研究院研究员）江　涌

一、当前的粮食危机只是源于高粮价而导致的恐慌

随着科技进步与工业化推进，农业生产率显著提高。但是，粮食安全问题的阴影始终挥之不去。尤其是自20世纪80年代经济全球化兴盛后，影响世界粮食供求的因素越来越多，粮食生产、库存的不稳定性日益增加，供应不足和过剩的情况频繁交替出现。

近年来，世界粮食生产量一直低于消费量。据联合国粮农组织（FAO）估计，目前全球粮食储备已降至自1980年以来的最低水平，仅能满足50多天世界粮食消费。不过，有国际粮食专家认为，衡量粮食安全的储存—消费比率2006/2007年度为20.7%，预计2007/2008年度为19.2%，均高于18%的安全警戒线。因此当前的粮食危机只是源于高粮价而导致的恐慌，并非真正粮食短缺。

但是无论是恐慌也好，还是短缺也罢，世界粮食价格大幅度上涨已是不争的事实。2005—2007年国际市场粮食的价格普遍暴

涨了一倍，在一些地方甚至涨了两倍。世界粮价上涨并不鲜见，但近乎所有粮食品种较长时期持续涨价，历史罕见。世界银行行长佐利克指出，在许多发展中国家，穷人75%的收入用于食品支出，粮食涨价使他们的生活雪上加霜。

粮价普涨在越来越多的不发达国家激发了越来越多的社会不稳定事件。墨西哥民众因玉米价格上涨而举行游行示威；印尼因创纪录上涨的黄豆价格引发民众上街抗议；巴基斯坦因小麦短缺而出现社会骚乱；阿富汗等诸多国家粮食上涨引发社会动荡；海地总理因粮食问题而黯然下台。联合国粮农组织发出警告，2013年将有36个国家面临食物短缺。当然这些国家近乎清一色是发展中国家。

二、世界粮食危机，发达国家难辞其咎

当前的世界粮食危机成因复杂。经济全球化、金融化使世界大宗商品价格日趋联动。油价上涨导致化肥、农药等农用物资价格上涨，相关运输费用提高，从而抬高食品生产成本与售价。气候变化一度被一些发达国家认为是影响世界粮食危机的主要因素。但是就世界经验来看，因为气候导致粮食产量变化的上下幅度不过百分之一二。

不过，忽视粮食生产与储备，应当是供给方面的一个重要因素。印度就是个典型例子。印度在过去很长时间里一直维持着粮食自给有余、储备充足的状态，但忽视了粮食生产与储备。过去几年，印度经济年增长都在8%以上，但农业只有3%左右。自2005年开始，印度粮食产量无法满足国内所需，2006年首次从“小麦出口国”变成“小麦进口国”，2007年则进一步加大粮食

进口。国际专家分析，在未来3年，印度对食物需求的快速增长将成为推动世界大宗农产品价格上涨最为主要的力量之一。印度政府也已经认识到粮食生产低迷的严重性。

影响粮食价格波动主要在需求方面。首先，随着经济发展和生活水平提高，低收入国家经济高增长刺激口粮需求上涨，而其他发展中国家中产阶级增多导致消费升级，居民越来越多地由植物淀粉转向动物蛋白，对肉类食品的消费量不断增加。

研究表明：生产1公斤牛肉大约需要8公斤谷物饲料，1公斤猪肉大约需要3公斤谷物饲料，1公斤鸡肉大约需要2公斤谷物饲料。因此，膳食结构的改善导致饲料用粮需求膨胀。

但是，人类自身基本粮食需求是渐进的，上述原由都不能很好地解释近年来粮食价格的普遍、持续、大幅度上涨，甚至是急剧飙升。美国地球政策研究所所长、著名粮食问题专家莱斯特·布朗指出，此前数次粮价上涨均因天气变化引起，而美国政府的错误能源政策应对此次粮价上涨负责。2007年美国所产的25%玉米变成了乙醇，2008年比例上升到28%，“机器吃粮”将达到1.14亿吨。联合国官员就此严厉抨击，使用粮食生产燃料是一项“反人类的罪行”。

发达国家不仅因为自私的能源计划大大增加粮食需求，而且它们的金融资本与金融寡头利用资金、市场与信息优势来投机炒作粮食，从中获取暴利。近年来，能源等大宗商品、新兴市场的资产不断成为国际游资的追逐对象。美国芝加哥商品交易所主导着全球大宗商品期货市场，早就成为全球粮价的晴雨表。金融寡头早就深谋远虑，粮食不过是继石油之后，成为金融寡头手中的新玩偶。

在粮食产量与销售上，美国、澳大利亚、加拿大等发达国家居于主导甚至是垄断地位。世界上四大跨国粮商（ADM、邦吉、嘉吉和路易达孚）垄断着当今世界粮食交易量的80%。此外，粮食生产的潜在能力也主要集中在发达国家。美国现有耕地面积1.9亿公顷，由于生产效率高，农产品过剩，长期采取休耕制度，一旦需要可很快复耕，且目前多数土地每年仅一熟，而其气候条件完全可一年两熟。因此，发达国家的粮食政策直接影响国际市场粮价的高低。

可以说，此轮世界大范围的粮食危机，发达国家难辞其咎。发展中国家忽视粮食生产，与发达国家鼓吹自由贸易密切相关。发达国家不断向发展中国家灌输通过市场可以解决一切问题，当然包括粮食问题。诸多发展中国家尤其是一些产粮国在“比较优势”的逻辑下，将稀缺的耕地用于种植高收益农产品或工业用地。但是，市场是发达国家（金融寡头）操纵的市场，它们通过不断高涨的粮价，不仅拿走穷国在“比较优势”下获得的新增收益，而且拿走了它们生产粮食的本钱。

三、粮食危机所反映的非传统安全应得到高度重视

随着全球化步伐加快，国家安全有了新的内涵，把以军事安全为核心，包括政治和外交安全称为传统安全，而其他对主权国家及人类整体生存与发展所构成的各类威胁称为非传统安全。粮食安全属于非传统安全。粮食安全在非传统安全中也不甚显著，但是经济全球化使粮食安全一时间也成了“爆炸性”问题。

国际专家认为，从长期来看，粮食价格将会逐步趋于稳定，因为高粮价会引导粮食生产国种植更多粮食，最终拉低价格。但联合国粮农组织初步预测，粮食高价态势可能持续至少10年。

粮食安全依然是个深远的问题。

从此次世界粮食危机可以看出，粮食正在还原它的政治武器特色。冷战时期，粮食就曾是以美国为首的西方国家应对以苏联为首的东欧阵营的政治武器。

然而将粮食作为政治武器，首当其冲的是穷国中的穷人。联合国粮农组织调查显示，全球营养不良人口有8.54亿，其中仅撒哈拉以南的非洲就有2.06亿。与资源、金融等其他安全问题不同的是，粮食危机一旦发生，民众很少有回旋与缓冲的余地。对于那些依赖外部进口、购买力较弱、难以确保粮食供应稳定的发展中国家来说，粮食问题很可能引发国家或区域间的争夺战。

当越南与泰国等国家要建立大米输出组织时，同为东盟成员的菲律宾就严厉反对，因为菲律宾一直是重要的大米进口国。国际货币基金组织和世界银行警告，如果粮价继续当前的走势，在极端情况下会导致战争。

当然，此轮粮食危机带来的问题并不都是悲观的。粮食是一种可再生资源，但耕地、淡水与适宜的气候是有限的，因此粮食的产能在一定的时空中总是有限的。此次世界粮食危机会促使越来越多的国家和地区从战略高度关注粮食安全，增加粮食生产，提高粮食储备，从而使未来的粮食安全更有保障。尽管国际多边体制与机构面临危机，但是区域与双边合作在粮食危机中将发挥越来越重要的作用，这必然会加速国际政治经济秩序的新陈代谢，新兴大国将获得新的生机。

"黄金玉米"是怎样偷渡入境并非法种植的

——怀化通道县美国转基因"黄金玉米"案调查

（国际关系学院教授）李文良　刘跃进　杨建英

2013年10月29日，中国农业推广网报道"湖南通道县农业局移送的'美国黄金玉米'案告破"。2012年，由我们"中国国家安全十大事件调研项目组"发布的"2012年国家安全十大安全事件"，就有一件是发生在湖南的"黄金大米事件"。2013年在湖南又出现了一个"黄金玉米"案，这不能不引起我们的关注。为了进一步了解"美国黄金玉米"案的具体情况，我们于2013年12月初到湖南省怀化市通道县进行调查。

一、"美国黄金玉米"案概况

2012年9月初，通道县电视台报道，"新兴之星蔬菜专业合作社"种植了一种名为"美国黄金玉米"的甜玉米，240亩全部绝收，损失数十万元，民怨很大。

这条新闻的播出，以及种植户与合作社的反映，引起了通道县公安局的高度重视。局党委领导立刻指示治安大队开展初查。第二天，治安大队警察立刻找到“新兴之星蔬菜专业合作社”社长彭朝周了解情况。

据“新兴之星蔬菜专业合作社”社长彭朝周介绍，这种“美国黄金玉米系列”是4月份由广东省连州市“明丰农产品发展有限公司”派人销售给该合作社及合作社各农户种植的。该种子每500克售价180元，农户购买进种子共花费4万多元。为安全起见，他们合作社与“明丰农产品发展有限公司”签订了种植收购合同，合同规定到了收购季节，该公司回购收获的玉米棒，每500克0.9元。出于对合作社的信任，当地农户种植了这种“美国黄金系列玉米”，希望有个好收成，结果却颗粒无收，损失惨重。

通道县公安局对此案展开初查，并从多个方面固定了犯罪证据，提取了受害人与犯罪嫌疑人的手机短信往来内容；获取了双方通话清单证实双方关系；走访了十几户受害的农户，都证实5月间有广东人来手把手亲自教授种植方法。

办案过程中，公安部门启动联动机制，请求包括农业部门在内的相关部门开展行政执法，其中农业部门检测“合作社”留下的种子样品，发现该种子样品发芽率为16%，大大低于国家85%的要求，为不合格种子。经综合评估，总共损失达60.48万元。

经侦查确认，明丰公司自2012年成立以来，就无视法律，大量引进未经国家检验检疫的美国黄金玉米系列种子，销往广东、湖南、广西、湖北等数十个县市种植，种子销售额达数百万元，种植面积数十万亩。由于案情重大，被公安部挂牌督办。按公安部“生产源头必查，销售流向必追，全过程打击，全环节摧毁”的办案要求，专案组迅速确定了“明丰公司”的上线公司“惠州盈佳农业发展有限公司”为涉案单位，其法人代表李某某为犯罪嫌疑人。2013 年 5 月，通道县专案组民警三下广东，在惠州市一宾馆内将犯罪嫌疑人李某某归案。李某某在铁证面前供述了其非法种子系广州的罗某某提供。6 月 21 日，罗某某在广州白云机场被抓获。

后来公安部门侦查证实，自 2003 年以来，罗某某从“孟山都”、“先正达”公司在泰国、香港的分支机构购进数十吨“奥弗兰”、“王朝”、“美亚 101”等品种的玉米种子，未经过海关报关和检验检疫，更未取得国家许可批文，将走私的玉米种子作为种植项目在广东、江西的种植基地大面积种植。除此之外，罗某某还将原包装的走私种子卖给广东惠州“盈佳农业发展有限公司”的李某某种植，李某某又将种子推广给连州的“明丰公司”发展农村种植户种植。

至此，通道县“美国黄金玉米”案告破。目前该案已被正式移交检察机关。

二、种子走私严重损害国家安全

怀化通道“美国黄金玉米”案说明，日益猖獗的种子走私现象给国家安全带来严重的威胁和隐患。

怀化通道“美国黄金玉米”案的种子来源是香港和泰国，犯罪嫌疑人主要通过三种途径走私和销售种子。

一是利用“水客”携带。所谓“水客”就是专门来往于大陆和泰国、香港的倒货者，一般以旅行团旅客的身份活动。罗某某每一公斤付“水客”十元小费。到中国机场后，他再将分散到旅客手里的种子收集到一起。这种走私方式隐蔽性强，很容易骗过泰国、香港和中国海关，成功出入境。二是运输货车夹带。罗某某发现，每天来往于内地和香港的蔬菜运输车很多，往往是香港派货车来内地拉蔬菜，货车空车来内地，载了蔬菜去香港。于是他在香港“先正达”公司的办事处购买“奥弗兰”种子，并藏匿于运输蔬菜的货车里，顺路走私到内地深圳、惠州、东莞等地。三是物流公司邮递。罗某某从广州通过物流公司发到惠州，“盈佳公司”取货后直接再通过物流公司发往连州的“明丰公司”。

从他们的交代中，我们发现近年来玉米种子走私已非常严重。这些年来，全国究竟有多少走私玉米种子，根本无人知晓，但从“美国黄金玉米”案折射出的问题却给我们敲响了警钟。

在改革开放的过程中，种子已经不再由各级政府一家经营，各种民营种子公司，甚至国外种子公司，都成为种子市场的一部分，甚至成了种子市场主要部门。即便是原来的政府种子经营和管理部门，甚至某些种子研发事业机构，其行为也都在不同程度上市场化了。这便形成了一种与改革开放前完全不同的种子市场和种子市场竞争。在这种竞争中，由于法律滞后，管理不到位，这一初步形成的市场和市场竞争便陷于混乱和无序之中。在通道县调查中，我们发现，“种子走私”已经成为长期存在于当地种子市场中的一种毒瘤，扰乱市场，加大了国家粮食风险，给国家安全造成严重威胁。

怀化通道“美国黄金玉米”案的恶劣之处，不仅在于犯罪嫌疑人走私玉米种子，而且走私的是伪劣的玉米种子，从国家安全管理视角来看，伪劣种子不仅坑害农民，而且在两个方面可能对国家安全造成威胁。

一是种子坑农，农民必然要找相关公司和政府反映情况、索赔损失，在此过程中，相关公司和政府如果处理不当，很可能酿成不同范围的群体性事件，从而在不同范围和不同程度上影响社会稳定。

二是如果伪劣种子问题扩大，不限于一乡一县一市，而具有了全国性，那么必然造成全国性粮食安全问题。国以民为本，民以食为天，当粮食在全国范围内供应紧张时，必然会通过各种渠道危害社会稳定与国家安全。轻则造成粮食价格上涨，国民生活成本提高，社会稳定受到威胁；重则造成不同程度的饥荒，整个社会陷于不同程度的恐慌，直接危害国民生命安全和国家政治安全。

怀化通道“美国黄金玉米”案的最恶劣之处，在于走私的玉米种子部分含有转基因成分。

由于犯罪嫌疑人走私玉米种子源头是“孟山都”和“先正达”两个公司在泰国和香港的分支机构，而这两个大公司都以生产转基因种子闻名，这引起了有关办案人员的高度警惕，请求农业专家对“美国黄金玉米”种子进行了检测，结果发现部分含有转基因成分。这显示出外来转基因玉米种子入侵已成为我国粮食安全甚至国家安全高危隐患。另外，办案民警还告诉我们，根据犯罪嫌疑人口供，种植成功的美国黄金玉米由这些走私种子公司或个人回收，其中部分已流入包括肯得基、麦当劳等著名快餐连锁店在内的食品、饮品公司。为此，我们强烈建议国家执法部门查明此事，特别是国家检疫部门对美国黄金玉米进行检疫，查明真相。但无论结果如何，日益猖獗的种子走私活动，已经严重威胁到我国粮食安全和国家安全。

完善转基因粮食安全立法，管控转基因生物安全风险

（中国政法大学军事法研究所教授）肖凤城

20世纪90年代，随着转基因技术不断突破，转基因粮食（包括大豆、玉米、大米、西红柿等农作物）在一些国家开始进行大规模种植。与此同时，在世界范围内，对转基因粮食安全问题，产生了鲜明的分歧，出现了以美国为代表的“拥转派”和以欧洲为代表的“反转派”，我国专家也提出要注意转基因粮食的安全性。为了防止转基因技术发展造成重大安全问题，我国制定了有关的国内法（见附2和附3），并参加了有关的国际公约（见附1）。这里，我就我国转基因粮食安全立法上的问题，提一点建议。

一、我国行政法规对农业转基因生物安全管理的规定

自2001年以来，我国国务院以及国家质量监督检验检疫总局、农业部、卫生部等部门，公布施行了多个关于转基因产品安

全的行政法规和部门规章（见附 2）。其中国务院 2001 年公布施行的《农业转基因生物安全管理条例》（以下简称《条例》）是目前我国有关农业转基因生物安全管理的基本规定。这个条例规定了以下重要内容：

《条例》第三条规定："本条例所称农业转基因生物安全，是指防范农业转基因生物对人类、动植物、微生物和生态环境构成的危险或者潜在风险。"这对一些专家声称的转基因无害的观点是一个明确的否定。

《条例》第六条至第八条明确授权和要求有关部门建立农业转基因生物安全分级管理评价制度、安全评价制度和标识制度。这一规定抓住了转基因安全管理的关键，就是首先要进行安全评价，这符合风险控制的基本规律。

具体规定了以下制度：

（1）高危等级（Ⅲ级和Ⅳ级）农业转基因生物研究，须向农业部报告（第 12 条）；农业转基因生物试验（分为中间试验、环境释放试验和生产性试验三个阶段），第一阶段试验前须向农业部报告，后两个阶段试验均须分别经农业部批准（第 15 条）；通过生产性试验的农业转基因生物种子（包括种禽、种畜、种苗等，下同）须向农业部申领安全证书（第 17 条）；中外合作合资或者外方独资在我国境内从事研究、试验的，须经农业部批准（第 18 条）。

（2）生产转基因种子的，须向农业部申领生产许可证（第 19 条），并建立生产档案（第 20 条）；经营转基因种子的，须向农业部申领经营许可证（第 26 条），并建立经营档案（第 27 条）；从事农业转基因生物生产和加工的，须经省级政府农业部门批准（第 21 条），并向县级政府农业部门报告生产、加工安全管理情况（第 23 条）。

（3）在我国境内销售列入农业转基因生物目录的农业转基因生物，应当进行标识，标明所含转基因原料名称，并在指定范围内销售（第28条、第29条）；农业转基因生物广告，须经农业部批准（第30条）。

（4）从境外引进农业转基因生物用于研究、试验，进口转基因种子，须经我国农业部批准（第31、32条）；进口农业转基因生物用作加工原料的，须向我国农业部申领安全证书（第33条）。

二、我国现行法律法规中存在的一个突出问题

国务院公布施行的《农业转基因生物安全管理条例》，体现了对农业转基因生物进行严格管理的精神，规定了比较严密的审批、许可等管控制度。但是，随着国家法制建设发展，出现了一些问题，需要进一步研究解决。

存在问题的集中表现是，《条例》的规定使农业部门完全掌握转基因粮食安全的管控大权，有关专家担心这容易使我国转基因粮食安全发生问题。按照《条例》第4条关于"国务院农业行政主管部门负责全国农业转基因生物安全的监督管理工作"的规定以及各项具体制度规定，任何一种转基因粮食产品，只要获得农业部的批准、许可，就可以进入我国，或者在我国境内进行生产和销售。对此，全国政协有关提案（见附1）提出了忧虑，指出："2009年8月农业部为转基因水稻、玉米颁发了安全证书之后，社会各界及专家学者对国内转基因生物安全现状极为担忧。"

也许有人说，《条例》第5条规定："国务院建立农业转基因生物安全管理部际联席会议制度"，并规定"农业转基因生物安

全管理部际联席会议由农业、科技、环境保护、卫生、外经贸、检验检疫等有关部门的负责人组成，负责研究、协调农业转基因生物安全管理工作中的重大问题”；《条例》第9条规定“国务院农业行政主管部门……设立农业转基因生物安全委员会，负责农业转基因生物的安全评价工作”，并规定“农业转基因生物安全委员会由从事农业转基因生物研究、生产、加工、检验检疫以及卫生、环境保护等方面的专家组成”。这两条规定，能够保证农业部严格管控转基因粮食安全。但这一说法并不合理，因为“部际联席会议”只是负责“研究、协调”安全管理工作中的重大问题，对转基因粮食安全管理并无决定权；而“农业转基因生物安全委员会”虽由各方面专家组成，但由农业部门负责设立，其工作也就必然由农业部主导。

对这个问题的探讨，涉及到两部相关法律：一部是全国人大常委会2006年4月29日通过的《中华人民共和国农产品质量安全法》，该法第30条规定：“属于农业转基因生物的农产品，应当按照农业转基因生物安全管理的有关规定进行标识。”另一部是全国人大常委会2009年2月28日通过的《中华人民共和国食品安全法》，该法第101条规定：“乳品、转基因食品、生猪屠宰、酒类和食盐的食品安全管理，适用本法；法律、行政法规另有规定的，依照其规定。”从形式上看，《条例》与这两部法律都不抵触，因为前一部法律认可了“农业转基因生物安全管理的有关规定”（实际上就是指《农业转基因生物安全管理条例》）；后一部法律中明确了“行政法规另有规定的，依照其规定”（似乎也指向《农业转基因生物安全管理条例》）。但从实质内容看，《条例》与这两部法律之间的衔接，有的并不明确。

《农产品质量安全法》第11条第二款规定：“农产品质量安全标准的制定和发布，依照有关法律、行政法规的规定执行。”

由此联系到《条例》第7条第二款的规定："农业转基因生物安全评价的标准和技术规范，由国务院农业行政主管部门制定。"这就使人产生一个疑问："农产品质量安全标准"与"农业转基因生物安全评价标准"是什么关系？如果后者是前者的组成部分，那么后者"由农业部门制定"也就有了法律依据；如果后者不属于前者的组成部分，那么关于转基因农产品的质量安全标准由谁制定，目前还没有法律、行政法规的明确规定。这是需要解决的立法问题。

再看《食品安全法》。该法第2条规定："供食用的源于农业的初级产品（以下称食用农产品）的质量安全管理，遵守农产品质量安全法的规定。但是，制定有关食用农产品的质量安全标准、公布食用农产品安全有关信息，应当遵守本法的有关规定。"按照这一规定，转基因粮食属于"食用农产品"，其质量安全标准应当根据该法第四条以及第三章各条的规定，由国家卫生部门负责制定。所以，《食品安全法》、《农产品质量安全法》、《农业转基因生物安全管理条例》三个法律法规中与转基因粮食"安全标准"相关的规定如何理解，对我国转基因粮食安全管控，关系重大。

三、对适用和完善相关立法的一点建议

当法律法规之间的衔接不够明确时，需要依据《立法法》理解把握它们之间的相互关系，由此得出合法的结论。上述三个法律法规，从它们的位阶看，《食品安全法》是法律，根据我国《立法法》第79条关于"法律的效力高于行政法规"的规定，与《农产品质量安全法》处于同一位阶，高于《农业转基因生

物安全管理条例》的位阶；从它们公布的时间看，《食品安全法》是最后公布的，根据《立法法》第83条明确的“新的规定与旧的规定不一致的，适用新的规定”（这是“新法优于旧法”的基本法理），《食品安全法》具有优先适用性。

通过以上分析，我认为，我国“转基因粮食安全标准”应当根据《食品安全法》的规定，由国家卫生部门负责制定，这符合我国食品安全的立法意图，有利于从“食品安全”的角度，管控转基因粮食安全。对于法律法规之间的衔接问题，可在今后的立法工作中择机解决。

附录1：全国政协十一届四次会议提案第1098号

案由：关于制定我国《转基因生物安全法》的提案

审查意见：建议国务院交由农业部办理

提案人：何悦

主题词：农业、安全

提案形式：个人提案

内容：自从1993年世界上第一种转基因作物问世以来，各界对转基因食品的安全性问题一直争论不休。为确保转基因生物的安全转移、处理和使用，同时顾及对人类健康所构成的风险并特别针对越境转移问题，各国政府经过4年的艰苦谈判，制定了《卡塔赫纳生物安全议定书》（下称《议定书》），该议定书于2003年9月11日生效。我国于2000年8月8日签署议定书，国务院于2005年4月27日正式核准加入《议定书》，《议定书》于2005年9月6日对我国生效。《议定书》是一项关于转基因产品国际贸易和环境保护的国际协定，它允许《议定书》批准国以预防为由禁止进口转基因产品，同时要求这些国家互相通报本国出口到对方国家的转基因产品的情况。《议定书》的核心内容包括：提前知情程序、同意进口程序、风险评估、运输包装和标识、赔偿责任和补救等。《议定书》有助于促进各国转基因生物安全立法，促进对转基因生物越境转移的管理和标识制度的完善，促进生物安全公众参与制度的形成，有利于加强国家生物安全管理能力的建设。据悉，我国于 2000 年便开始起草《转基因生物安全法》，由于种种原因几经搁浅，至今仍处起草阶段。鉴于我国已经核准加入《卡塔赫纳生物安全议定书》，考虑到我国立法滞后已经制约了我国转基因生物技术的有序发展，转基因食品的安全也得不到保障，特别是在 2009 年 8 月农业部为转基因水稻、玉米颁发了安全证书之后，社会各界及专家学者对国内转基因生物安全现状极为担忧，为保障转基因生物技术及利用该技术生产的产品在计划、试验、生产、运输、销售以及应用过程中的安全性；保护我国生物的多样性、生态平衡和国人身体健康，推动转基因生物技术在我国的可持续发展，我们呼吁有关部门尽快制定《转基因生物安全法》。

（资料来源：全国政协门户网站）

附录 2：我国主要转基因法规和规章

一、农业转基因生物安全管理条例（国务院 2001 年 5 月 23 日公布施行）

二、进出境转基因产品检验检疫管理办法（国家质量监督检验检疫总局 2004 年 5 月 24 日公布施行）

三、农业转基因生物安全评价管理办法（农业部 2002 年 1 月 5 日公布，2002 年 3 月 20 日起施行）

四、农业转基因生物进口安全管理办法（农业部 2002 年 1 月 5 日公布，2002 年 3 月 20 日起施行）

五、农业转基因生物标识管理办法（农业部2002年1月5日公布，2002年3月20日起施行）

六、农业转基因生物加工审批办法（农业部2006年1月27日公布，2006年7月1日起施行）

七、新资源食品管理办法（卫生部2007年7月2日公布，2007年12月1日起施行）

国家安全委员会应建立监管粮食安全的常设机构

（国际友好联络会研究员）云锦泽

在整个国家的安全战略中，相比于国防、金融、产业等方面的安全来说，粮食的安全是重中之重。毛主席几十年前说过一句很有名的话：深挖洞，广积粮。我们今天理解，深挖洞就是国防建设，广积粮，就是粮食安全，而且是自己手中有粮。

毛主席的这句话，实际上简要概括了中国的安全战略，几十年过去了，形势发生了很大的变化，但是粮食的安全问题并没有变化，仍然是国家安全战略中的重点。

十八大之后，习总书记多次提出粮食安全问题，并且强调粮食必须掌握在自己手里。总书记的话非常重要。

我理解粮食安全包括三个方面：

第一，确保土地红线，这是不能动摇的底线。

第二，粮种安全。这里包括几个方面：一是粮种一定掌握在自己手里，防止流失、湮灭和被跨国公司掠夺。第三世界国家在这方面惨痛的教训已经非常多了，比如有名的巴斯马蒂香米，就是印度和巴基斯坦人民心中永远的痛。二是粮种本身的安全，没有经过长期、反复验证安全的粮种，特别是受到科学界质疑、可能产生副作用的粮种，绝对不能使用。三是切实保护我们粮种基地的安全，严防我们的粮种基地受到人为的和其他因素的污染和破坏。粮种安全关乎我们国家、人民以及后代的安全，是粮食安全中的核心问题。

第三，粮食的生产、贮存、流通的安全。粮食生产除了确保土地和粮种之外，涉及人力、水源、环境等诸多问题，以上任何一个方面出现问题，直接影响粮食的生产。粮食的储存安全，这方面已经出现过严重的问题，食用油被转基因污染，这个已经见诸报端，不再多说了。另外就是粮食运输。比如能够在自然灾难和战争等突发情况下，能抗拒人为的和自然灾害造成的破坏，无论陆运水运，有预警方案，能够保证粮运通畅无阻。

粮食安全发生问题的时候，过程往往是隐蔽和渐变的，而一旦发生，就会是巨大而难以弥补的，同时，粮食安全涉及多个部门，任何一部门难以单独完成，需要中央统领全局。所以，建议在将来的国家安全委员会中，建立专门的粮食安全监督常设机制，对我们粮食安全的每一环节进行监管，每一阶段进行监管，全面协调。

加强中俄农业合作，保障国家粮食安全

（黑龙江当代中俄区域经济研究院院长　研究员）宋　魁
（东北农业大学经济管理学院副教授　博士）李　萍

2013 年 7 月 25 日国务院批复《黑龙江省和内蒙古东北部地区沿边开发开放规划》。前不久国务院还批准黑龙江省先行开展现代农业综合配套改革试验，并把健全农业科技创新和服务体系，强化农业科技自主创新能力、公益性服务和加强农产品质量安全监管等确定为主要任务。这无疑为农业和食品工业发展，为中俄农业和食品工业合作带来了巨大契机。中俄农业与食品工业合作将成为中俄合作的新热点之一。

入世后俄罗斯承诺农业将逐步与国际接轨，逐步降低农产品补贴，加快国际化步伐。2012 年俄罗斯《独立报》有篇题为《俄罗斯耕地寻找亚洲投资者》的文章称：“在不久的将来，俄罗斯远东地区将有数百万公顷的土地长期租给外国人。这些土地应该是近年来已进行市场化改革的农业用地。此建议旨在使俄罗斯为加强世界粮食安全作出更大贡献。”俄罗斯入世后表现出了参加国际农业合作的积极性，俄罗斯现行法律允许将土地长期租给外国人。

未来十年黑龙江省农业和食品工业发展面临重大战略机遇期：一方面，全球食品安全形势严峻，全国人民和全人类都急迫地需要安全食品；另一方面，黑龙江省生态环境较好，农业和食品加工业潜力巨大。在这一情况下以国内外市场为导向，发展大农业，延长农业产业链，把黑龙江省建成现代化、国际化的农业和食品工业强省时机已经到来。建议黑龙江省抓住机遇，把农业和食品加工业捆绑思考，系统创新，打组合拳，促进黑龙江省农业和食品工业取得突破性发展。

俄罗斯远东与黑龙江省地处世界三大黑土带上，理应通过农业合作为中俄两国人民乃至人类安全食品供应发挥更大作用。

我们的新思路是：以国内外市场为导向，加强与俄罗斯的农业和食品工业合作，发展大农业，延长农业产业链，把黑龙江省建成现代化、国际化的农业和食品工业强省。为此我们提出如下建议：

一、创新模式，建立首家中俄农业与食品工业跨境产业链

中俄农业与食品工业跨境产业园区是跨境产业链的主要载体。中俄农业与食品工业跨境产业园区将由哈尔滨总园、黑龙江边境园及俄罗斯园三部分组成。项目囊括农业与食品工业安全示范区、产品检测中心、农产品深加工产业园、科技园、仓储物流园、国际展示与贸易中心、旅游观光区、服务平台以及其他配套区域，涉及生产、加工、检测、研发、咨询、物流、人才交流、旅游等多个领域，是我国首个农业与食品工业跨境产业链综合服务项目。

（一）哈尔滨总园

建议在哈尔滨市与五常市之间建立项目总园区，打造集国际级食品研发中心、国际食品检测中心、国际食品产业园、国际食品展示中心、国际食品贸易中心等于一体的农业与食品工业综合体，形成产、销、研、检的一条龙服务。

（二）黑龙江边境园

建议在牡丹江、黑河、同江、绥芬河等中俄边境城市建立边境园，成立综合保护区，在区域内建立农产品深加工基地，并配套建设仓储园、物流园、包装厂等项目。将农产品精细加工成食品及粮食，打造有机食品与非转基因粮食品牌，开拓国内与国际高端食品市场。

（三）俄罗斯园

通过在俄罗斯远东地区建立中俄农业合作示范农场，承包土地，打造俄罗斯有机食品与非转基因粮食生产供应基地，并配套建设养殖、初加工等项目，形成大型现代农业经济合作园。带动国内农机出口和劳务输出，增大粮食回运规模，改善国内粮食品质，保障国家粮食和食品安全。同时可将农作物运到黑龙江边境园深加工后销往俄罗斯或国际市场。可采取在俄罗斯滨海边疆区等地承包土地，运到绥芬河综合保税区加工再销往俄罗斯或国内外市场。这样做两头在外，是保税区的最佳选择，这可以充分发挥保税区的功能。

二、科技驱动，建立国家级国际农业与食品工业研发中心

吸收美国、以色列、德国、日本、韩国、俄罗斯、乌克兰、台湾等国家和地区的专家，主要开展应用性开发研究。吸引国内外智力机构、科研院所和大企业研发机构入驻，一方面为园区内企业提供技术支撑，另一方面可实现与世界各国在农业和食品工业方面开展技术交流与合作。依据黑龙江省农业和食品工业研发体系的整体架构，从产品战略规划、研发组织平台、研发流程、技术研发体系、研发绩效及激励机制等主要方面，建立高效的研发体系。

通过举办国际农业与食品工业博览会、国际农业与食品工业论坛，集聚国内外农业与食品工业专家，形成国际农业与食品工业高端人才流。

三、加大投入，辟建国家级国际食品检测中心

AA 级食品是与国际有机食品接轨的产品，其出口潜力巨大。我们应加快标准建设，加快标准、认证程序和相关法则与国际接轨，为进一步开拓国际市场创造条件。“五常大米”获得美国绿色营养食品协会的证书和奖牌。五常大米以富含蔗糖、绿色无污染而获此殊荣。获此认证后，大米出口欧美可免检。这是中国大陆唯一获此项认证的食品。可见我们应尽快抓紧得到相关的绿色食品国际认证，使我国的绿色食品标准尽早与国际接轨。

我国食品的出口根据进口国的标准和要求，致力于扩大两国政府之间和认证机构在标准和认证标志上的相互认可，为我国食品出口创造良好的环境，促进我食品的出口创汇。

目前，欧盟和美国的认证在国际上完全可以接受，认证费用在1000—3000美元之间。目前日本农林水产省接受的国外认证机构只有美国的3个机构：FVO、OCIA和QAI。

中国认证机构面临的严重问题是认证标准和体系与欧盟标准不接轨，其认证欧盟不认可，知名度也不高。许多客户明确提出要求要有欧盟国家认证机构的认定。欧盟一些著名的认证机构，如BCS、ECOCERT等近年来均已在中国展开有机产品认证工作，而且客户需求明显有增无减。

建议加快有机产品标准的修改和制定工作，积极与国际标准接轨，尽快出台统一的有机产品法规，按国际标准建立可靠和信誉良好的认证体系，并通过各种渠道扩大我国有机产品认证机构及其认证在国外的知名度，为中国厂商进入国际市场提供行之有效的通行证。引进国际商品检测机构入驻黑龙江省，或建立分支机构，就地检测后，即可直接出口国际市场。

四、认真谋划，建立农业与食品工业中介服务体系

建立农业和食品工业中介服务体系，集诸多经纪类、交易类、信息类、代理类、鉴证类、咨询类、评估类、公证仲裁类、行业组织类等，由知名品牌中介服务机构聚集，可为农业和食品工业提供咨询、信用、融资担保、会计税务、法律和仲裁、贸易和运输、会展、知识产权、成果转让、人力资源（劳务合作）、

广告、工业设计、工程总包、服务外包、商检、海关等数十种中介服务的高端现代服务业和国内外大型外贸公司总部及分支机构的中介服务基地（下设农业和食品工业信息中心、咨询中心等，为农业和食品工业提供一站式服务）。

五、积极申报，创建国家食品安全示范区

这是出于对黑龙江省人民，也是对全国乃至人类食品安全的一种思考。黑龙江省经济不够发达，但生态环境相对良好，可以发挥后发优势，依托农业大省大力发展食品工业，提高附加值，延长产业链，为国内外市场生产安全食品。黑龙江省应从关注民生福祉出发，积极申报，把黑龙江省创建成国家食品安全示范区。

俄罗斯禁止外国染指种子、种禽和种畜

（新华社世界问题研究中心研究员）盛世良

粮食安全是一个国家食品安全的基础和标杆。按照俄罗斯的需求标准，人均一吨，意味着粮食丰足。这就是说，为保证本国口粮、饲料粮、工业用粮，以及对外出口，俄罗斯需要年产1.4亿吨粮食。

俄罗斯发展农业的条件可谓得天独厚，幅员1707万平方公里，以平原为主，耕地面积达121.6万平方公里；虽说气候寒冷，但除去南俄地区，降水丰沛而且均衡，灌溉无须沟渠，可以节约农用地1/10。苏联解体后，农业缓慢复苏，现在正常年景能出口1500万—2000万吨粮食。

一、俄罗斯粮食安全状况好转

俄罗斯在20世纪初曾是农产品出口大国，本国生产的部分鸡蛋和黄油运到荷兰等西欧国家市场，赚取外汇。1894年，俄罗斯产粮6700万吨，人均535公斤。1917年十月革命那年，俄罗斯产粮6240万吨，人均400公斤。

苏联没有解决粮食安全问题，粮食产量未能超过帝俄时期。20世纪20年代强行农业集体化，挫伤农民生产积极性，粮食减产，1920年仅产粮4520万吨，人均322公斤。按说即使人均322公斤，也不至于引起饥荒，但由于政策不当，根据不同估计，20年代饿死100万—520万居民。1940年产粮8700万吨，人均500公斤，依然低于1894年。

战后粮食生产虽然逐渐上升，但供应仍较紧张，甚至发生过饥荒。1972年，苏联从美国进口谷物1000万吨。此后直到苏联解体，口粮虽然不缺，但饲料粮年年有赖进口。

从总体来看，苏联解体后俄罗斯的粮食安全状况有所改善。如果不算灾年2010年，粮食产量年均增长7%。2009年世界粮食总产量为22.1亿吨，美国、中国和印度分别占18.9%、18.7%和9%，俄罗斯产粮9700万吨，占世界总产量的4.4%，而俄罗斯人口在世界占比仅约2%。

20世纪90年代，俄罗斯粮食产量曾大起大落。1992年为1.07亿吨，1995年仅6300万吨；1997年上升到8900万吨，次年急降至4800万吨。

进入21世纪，俄罗斯粮食年产量最低的是2010年，为6100万吨；产量最高的是2008年，达1.08亿吨，但仍未赶上苏联时期的最高点1.27亿吨（俄罗斯苏维埃社会主义联邦共和国1978年产量）。2013年俄罗斯粮食产量为8290万吨，另有上年度存粮670万吨，可出口1880万吨，进口仅50万吨。

二、保证粮食安全有法可依

2010年1月30日俄罗斯总统批准了《俄罗斯食品安全构想》。《构想》对本国食品安全定出了量化指标：国产粮和国产土豆在国内用粮中的比重起码应达到95%，国产肉在本国肉类需求中的比重起码应达到85%，奶类和奶制品达90%，植物油、食糖和鱼类达80%。2012年俄罗斯奶类产量为3210万吨，人均占有226公斤，满足内需稍有不足。

2012年，俄罗斯制订了《2013—2020年发展农业和调节农产品市场国家纲要》，规定了六项优先任务：（1）稳定农业地区的发展，提高农村居民的生活和就业水平；（2）保证食品供应独立自主；（3）提高本国农产品在国内外市场的竞争力；（4）保证农业生产单位财政稳定；（5）提高土地和其他农业资源的利用效率；（6）提高农业生产过程的生态清洁度。

《纲要》提出的指标为：农产品产值年均增长2.4%—2.5%，（加工）食品产值年均增长3.5%—5%，肉类、奶类、蔬菜和水果产量加速增长。

普京总统2012年提出，到2020年，俄罗斯粮食年产量应达到1.2亿—1.25亿吨，出口量可达三四千万吨。按照俄罗斯的需求标准，人均一吨，意味着粮食丰足。这就是说，为保证本国口粮、饲料粮和工业用粮，以及对外出口，俄罗斯需要年产1.4亿吨粮食。按俄罗斯1.246亿公顷耕地面积计，单产只须达到1123公斤；按谷物播种面积0.46亿公顷计，单产应达3043公斤。

三、粮食安全方面存在的问题

（一）产量不稳

最突出的例证是2010年。6月份，预计粮食产量将达9000万—9500万吨，上年还有存粮2000万—2200万吨，于是政府开始为“粮食太多怎么办”而发愁，打算出口2500万吨，着力向东亚国家推介俄罗斯粮食。没想到夏季大旱，37个地区30%的粮田绝收，全国粮食产量仅6100万吨。政府不得不宣布，2011年粮食收获季节前禁止粮食出口，极大地打击了俄罗斯粮食出口信誉，还造成本国粮食价格和食品价格大幅度上涨。

（二）单产低

每公顷粮食产量，欧洲国家约6吨，俄罗斯能达到3.8万—4吨就算高产了。俄罗斯耕地面积121.6万平方公里，2008年产粮10818万吨；法国耕地面积18.4万平方公里，2008年产粮7007万吨。法国小麦出口值47亿美元，俄罗斯仅21亿美元。

（三）品质低

俄罗斯欧洲地区南部的小麦产量占全国近一半，但基本上都是四级和五级麦，三级麦仅占15%，一二级小麦几乎不生产。原因有三个：一是追求产量，国家为了让低收入者买得起面包，要求面包厂多生产廉价面包，主要使用四级麦，高级小麦内需不足；二是农艺落后，地力下降；三是施肥少，欧洲每公顷施肥300公斤，俄罗斯库班产粮区每公顷施肥60公斤，其他地区更少。与此同时，俄罗斯每年生产1700万吨化肥，1500万吨用于出口。

（四）统计粗糙

俄罗斯废除国营农场和集体农庄制度后，难以精确统计农户和私营公司的农产品产量。以 2010 年为例，那年政府估计，连 960 万吨储存粮在内，只有近 8000 万吨粮可用，满足内需后只有三五百万吨剩余。然而，2011 年夏收前夕发现，仅俄罗斯南部谷仓就有存粮 750 万吨。至于满足粮食内需，俄罗斯农业部认为需要 7000 万—7200 万吨，而俄罗斯粮农联盟认为 6300 万—6500 万吨就足够。

四、保证种子安全，不许外国染指

俄罗斯一贯重视国家安全，包括食品安全、农作物种子安全、家畜家禽的育种安全，禁止外国染指种子、种禽和种畜。

俄罗斯 20 世纪 90 年代的私有化虽说过于毛糙，但在事关国计民生的问题上，头脑尚清醒，即：有两大类企业无论如何不许私有化。第一类是弹药厂，尽管飞机制造厂和枪械制造厂等军工企业可以非国有化，但弹药厂不在其内。第二类是为农业提供种子、种畜和种禽的企业，这类企业更不得被外国控制，因为这关系到民族的基因。

迄今为止，俄罗斯人最相信的是本国食品，因此在俄罗斯食品商店里销路好、价格高的，不是舶来品，而是国货。苏联时期的口号“凡是苏联的，必是最好的”，苏联人将信将疑，倒是对洋货趋之若骛；现在俄罗斯人进食品商店，先找本地产品。这是对本国食品安全信任度的最好注释。

对转基因农作物，俄罗斯政府原先禁止。2013 年 9 月，俄罗斯政府决定从 2014 年 7 月 1 日起，准许登记玉米、土豆、大豆、稻米和制糖甜菜等 22 种农作物的转基因种子。

五、中俄农业合作有助于保证我国粮食安全

（一）从俄罗斯进口粮食，安全、近便，有利于俄罗斯粮食出口多元化

俄罗斯国内市场年需 6300 万—7500 万吨粮食，占比 70%—85%，出口（谷物和面粉、人道援助）市场占比 15%—30%。俄罗斯仅通过改善农艺，提高单产，提升品质，理顺物流，扩充港口的库存和吞吐能力，粮食出口能力就可以达到每年 5000 万—7000 万吨，接近于中国 2013 年粮食（包括大豆）进口量。

俄罗斯甚至能出口本国非传统作物稻米。2013 年稻米产量 110 万吨，内需 80 万—85 万吨。

然而，世界粮食市场是买方市场，而且从有购买能力的需求而言，市场处于饱和状态，俄罗斯粮食难找出口对象。欧洲不欢迎俄罗斯粮食出口，北美和澳大利亚本身就是粮食出口国，拉美太远，中东和非洲有支付能力的国家早已在进口俄罗斯粮食。

俄罗斯最有前景的粮食出口市场在东亚。日本每年进口粮食 3000 万吨，韩国粮食主要靠进口，朝鲜粮食老是不够吃。目前俄罗斯每年向东亚出口粮食仅几十万吨，主要是小麦和大麦，对象是日本、印尼和泰国，物流、粮食储存和支付制度受日本控制。俄罗斯希望对东亚的粮食出口起码增加到每年几百万吨。

俄罗斯迫切希望对中国出口小麦。俄对华粮食出口 2013 年取得突破，头一批粮已经运到中国。

（二）合作种植非转基因大豆有前途

俄罗斯远东地区自然气候条件与我国东北相近，适于种植大豆，中国宜与俄罗斯远东地区合作，共同生产非转基因大豆，满足两国内需，并可出口需要用非转基因大豆做豆酱和豆腐的日韩两国。大豆能通过根瘤菌固氮，无须多施氮肥，免去了俄罗斯对中国人滥施化肥、破坏土质的担心。

（三）合作生产绿色食品前景诱人

远东地区土质好，水源充沛，环境清洁，适于种植绿色农产品，普京总统决定把农业作为远东地区优先发展的产业之一。随着地区气候转暖，远东和西伯利亚地区的农业生产前景会越来越好。在这一领域，中俄合作潜力巨大。

借鉴日本经验，抓紧制定我国《转基因食品标识法》

（新华社世界问题研究中心研究员）张焕利

日本是粮食进口大国，每年进口大量来自转基因作物的食品。由于日本消费者对转基因食品还存在诸多顾虑，日本政府要求对转基因食品进行严格的安全检查，并进行科学的标识。正是在这种情况下，尽管日本多年来一直在加强对转基因作物和转基因食品的研究和试验，但是，日本政府至今没有批准在本国进行转基因作物商业化种植，市场上虽然有大量经国家食品安全委员会审查后允许进口的转基因食品，但许多日本消费者对转基因食品还是感到不安，对于转基因食品是否安全的问题，日本人经常持“说不清”的态度，虽然现在还没有确切的证据能够证明转基因食品有害，但许多消费者还是“宁可信其有”。

一、日本《转基因食品标识法》

日本虽然没有进行转基因作物的商业种植，但主要出于日美关系的考虑，每年都主要从美国进口相当数量的转基因谷类，用以制造食用油、饲料及部分食品等。同时，由于消费者对转基因食品安全性存有疑虑，日本政府规定，凡是转基因食品就必须附以标签。因此，日本商家都不愿意在市场推出转基因食品，因为他们担心这样做的结果很可能影响自己的商业信用和声誉，最终损害自己的经营利益。

为了限制转基因食品的蔓延，减少消费者对食品安全问题的忧虑，自2001年4月1日起，日本正式实施《转基因食品标识法》。日本这一保证食品安全法律的出台，对日本及其贸易伙伴的转基因食品生产与贸易产生着深刻的影响。日本之所以出台《转基因食品标识法》，也有其深刻的社会背景。

自20世纪70年代以来，以转基因技术为核心的现代生物技术产业开始蓬勃发展，为解决粮食短缺、环境污染、能源危机等问题提供了契机，并可能成为21世纪的支柱产业。但是，转基因技术及其产品为人类生存与发展问题带来新希望的同时，各种负面影响也日益表现出来，特别是与人类健康和安全息息相关的转基因食品更是倍受关注，从而引发了转基因食品“身份证”的争论，即是否需要对转基因食品加贴特殊标签。对此，世界各国莫衷一是，日本与欧盟、韩国、澳大利亚、新西兰等国家一样，对转基因技术的发展持谨慎态度。于是，日本政府规定转基因食品必须加贴特殊标签。

农业在日本国民经济中所占比重较小，日本食品自给率较低，仅为40%，在很大程度上依靠进口。但在农产品和食品进口中，转基因成分所占比重较大。由于转基因食品在安全性方面尚存诸多不确定问题，日本政府为确保上市流通的转基因食品的安全，依据其《食品安全性评价制度》对转基因食品安全性进行了认证，并于1998年8月提出对含有转基因成分的食品进行标识的初步计划。到1999年底，农林水产省仅批准了大豆、玉米、马铃薯、油菜籽、棉籽、西红柿和甜菜7种转基因农产品可以作为食品或食品原料。尽管如此，日本国内消费者团体及环保组织仍然不信任转基因食品，并且抵制情绪日益高涨。

日本于1999年修改了沿用近40年之久的《农业基本法》，并更名为《食品·农业·农村基本法》，新《农业基本法》在继续推行市场自由化的基础上，新增加了维护消费者利益的食品安全政策及维持农业可持续生产政策等内容。同年7月，为了使新《农业基本法》更加严密、科学，日本政府修改了《关于农林物资的规格化以及确定质量标识的法律》。在此基础上，经过一年多的试行，2001年4月1日，日本农林水产省正式颁布实施《转基因食品标识法》。

二、日本《转基因食品标识法》的主要内容

日本《转基因食品标识法》对已经通过安全性认证的大豆、玉米、马铃薯、油菜籽、棉籽5种转基因农产品及以这些农产品为主要原料，加工后仍然残留重组DNA或由其编码的蛋白质的食品，制定了具体标识方法。要点如下：

（一）适用范围及定义

《标识法》适用于对农产品和加工食品的管理。《标识法》管理的农产品和相关术语的定义如下：

包括大豆（含毛豆和黄豆芽）、玉米和马铃薯、油菜籽、棉籽，其中有一些作物品种是利用重组DNA技术开发的。

将DNA分离，然后使用酶等物质将其重新进行组合，并向具有繁殖能力的受体活细胞导入该重组DNA的一种技术方法。

利用重组 DNA 技术得到的农产品。

属于指定农产品，但不是转基因产品。

区别性生产流通管理：是一种处理非转基因作物的方法，它通过对从海外农场到日本的生产、销售和加工的每一个阶段进行控制，避免混入转基因作物。同时在农产品分离阶段都必须出具相关证明文件，以保证结论真实。

在产品原料构成中比例排前三位，且重量是产品总重量 5% 以上的原料。

（二）标识方法

《标识法》规定了指定农产品及其加工食品的具体标识方法。

1. 以指定农产品为主要原料的加工食品（包括该食品的再加工食品），如果食品中重组 DNA 或由其编码的蛋白质仍有残留，那么所有的食品生产者、制造商、包装商或进口商（或根据零售商与生产者、制造商和包装商达成的协议，对产品负有标识义务的零售商），除了要对《加工食品质量标识法》第 4 条所规定的项目进行标识外，还必须在食品标签上注明其主要原料。具体标识方法如下：

（1）如果加工食品是以实行区别性生产流通管理的转基因农产品为主要原料，那么无需考虑《加工食品质量标识法》第 3 条第 6 款的规定，而应该在食品原料名称后，注明该食品是转基因食品。

（2）如果加工食品是以没有实行区别性生产流通管理的指定农产品为主要原料，那么无需考虑《加工食品质量标识法》的第 3 条第 6 款的规定，而应该在食品原料名称后，注明食品原料没有实行区别性生产流通管理。

（3）如果加工食品是实行了区别性生产流通管理的非转基因

农产品为主要原料，那么可选择以下任意一种标识方法：

标识食品主要原料名称；

按照《加工食品质量标识法》第3条第6款规定，不注明食品原料名称；

标识食品主要原料名称，并注明该食品是以实行区别性生产流通管理的非转基因产品为原料。

2. 除了对加工食品贴标签外，还要对指定农产品进行标识。在对指定农产品进行标识时，零售商一方面遵守日本政府颁布的《有机食品质量标识法》第4条，同时还必须遵守以下规定：

（1）如果指定农产品是实行了区别性生产流通管理的转基因农产品，那么应该在产品名称后注明该指定农产品是转基因产品。

（2）如果有机食品不是实行了区别性生产流通管理的指定农产品，那么应该也在有机食品名称后注明。

（3）如果指定农产品是实行了区别性生产流通管理的非转基因农产品，那么可选择以下任意一种标识方法：

标识所指定农产品的名称；

标识所指定农产品的名称，并注明该指定农产品是实行区别性生产流通管理的非转基因产品。

另外，“标识法”还规定，有些食品原料在运输过程中实行了区别性生产流通管理，但在加工食品时，如不小心使转基因农产品与非转基因农产品混杂，那么仍应将这些食品看作是已经实行了区别性生产流通管理的食品，遵照上述标识规定。

3. 无需标识的加工食品

《标识法》还规定了无需加贴标签的情况：虽然含有指定农产品，但不是主要原料，那么这部分食品无需加贴标签。

4. 不得出现在食品标签上的用语

食品生产及零售商在设计食品标签时，应遵守如下规定：

（1）按照《加工食品质量标识法》和《有机食品质量标识法》的规定，不能出现在加工食品和有机食品包装或容器标签上的用语，也不得出现在指定农产品及其加工食品包装或容器标签上。

（2）如果食品原料是没有使用重组 DNA 技术的非指定农产品，那么在食品标签上不得使用任何转基因用语。

此外，《标识法》还规定了实施时间和修订原则：

第一，《转基因食品标识法》自 2001 年 4 月 1 日发布之日起施行，适用于 2001 年 4 月 1 日以后制造、加工或进口的加工食品，也适用于 2001 年 4 月 1 以后出售的有机食品。

第二，《标识法》每年都要求对指定农产品及其加工食品的种类进行修订，修订时所需考虑的因素有：最新商品化的转基因农产品；分销及用作食品原料的转基因农产品的实际情况；去除和分解重组 DNA 及由其编码的蛋白质的实际情况；由于检测方法的进步而得出的新结论；消费者的观点。此外，还应考虑在有机食品和加工食品的生产、制造、流通及加工过程中，对转基因农产品及以其为原料的加工食品的处理情况和制定国际统一制度的进展情况。

三、日本《转基因食品标识法》的影响

《转基因食品标识法》实施以来，在日本产生了何种作用和影响呢？转基因食品标识制度对日本国民消费、农产品生产和流通产生了明显的影响。

（一）实行转基因标识制度有可能加剧日本公众对转基因食品的恐惧心理

《标识法》让消费者觉得转基因食品比同类的传统食品不安全，加贴标识似乎意味着告知消费者不要购买这种食品，这有可能影响甚至扼杀转基因技术在食品生产中的应用。

（二）增加了生产成本和消费者负担

为了避免食品中混入转基因成分，日本一些食品公司已采取指定非转基因农产品的生产基地，设立专用集装箱、仓库，建立专用生产线等从原料生产到产品销售的全过程隔离的经营方式。有些食品公司还改从中国、越南、非洲等国和地区进口非转基因农产品。这些经营方式都可能增加企业生产成本。各企业为生产非转基因食品新增的经济负担，一般通过提高产品的价格转嫁给消费者。例如，日本市场上的转基因成分的豆腐每块仅75—100日元，而同样大小的非转基因豆腐每块为170—200日元，相当于转基因豆腐的两倍。实际销售的结果是，很多消费者宁肯多花钱买非转基因的豆腐，因为很多消费者对转基因豆腐不放心。

（三）有可能减少转基因农产品及食品的进口

按照《标识法》，进口商都必须对进口农产品及食品进行严格检验。目前，日本海关检验进口转基因农产品及食品的手续繁杂，费用昂贵，耗费时间长。例如，检验进口土豆是否含有转基因成分，海关检验员必须经过50—100次甚至更多次的检验，才能最终确定这批土豆是否属于转基因产品。这对于许多农产品为鲜活类产品来说，如此复杂程序必将使进口商遭受到不可弥补的经济损失。因此，日本《标识法》的实施，事实上起到了限制转基因农产品及食品进口的作用。

（四）促进食品原料进口渠道多元化

日本是全球进口转基因农产品最多的国家之一，日本的大多数农产品都来自于美国和加拿大。而美国和加拿大是全球种植转基因作物最大的国家，在其农产品生产、销售过程中，并没有将转基因与非转基因作物进行严格区分，混杂情况难免。所以，日本不得不改从其他生产非转基因农产品的国家进口，由此促进了日本食品原料进口渠道多元化格局的形成。

四、日本社会没有关于转基因的激烈争论

在日本，由农林水产省和环境省进行转基因作物生物多样性影响的审查，由农林水产省进行饲料安全审查，由厚生劳动省进行食品安全的审查，还有文部科学省、环境省等多个部门共同监管相互制衡。

日本每年进口玉米1600万吨，90%来自美国，其中88%为转基因玉米，大部分用于饲料，小部分用于淀粉。大豆每年进口300万吨，其中70%来自美国，这70%里面的93%是转基因大豆。其中有代表性的大豆加工食品是酱油。但政府部门认为，酱油没有转基因标识义务，理由是：加工后的酱油里没有检出转基因蛋白质。

日本农林水产省规定在以下情况下可以不用注明：（1）不是以转基因作物为主要原料的食品（按重量来算，该食品中转基因含量低于5%，水分除外）；（2）在加工后的食品中检测不出转基因成分或转基因蛋白质没有残留的，也没有注明标识义务。

由于政府相关部门的严厉监管，日本国民并不担忧传统粮食及食品会有朝一日被转基因粮食和食品所代替，社会上也没有关于转基因食品的激烈争论。

正如中国中央电视台主持人崔永元不久前到日本调查时所感受到的，这件事在日本争论不大。小崔的朋友一字一句地告诉说：因为你根本买不到转基因的食品。在日本，批准商业化种植的转基因作物只有一种——蓝玫瑰，那是观赏用的，没人吃它！

结论：日本消费者不吃转基因食品，商家也不卖。

以笔者在日本的经验，其实，由于转基因食品必须依法详细标识，所以，商家很少愿意卖这种食品。如果消费者真想买到转基因食品，也不是随处就可买到的。

综上所述，笔者以为，我国应借鉴日本制定《标识法》的经验，抓紧研究制定我国的《转基因食品标识法》。

日本不允许商业化种植转基因农作物

（新华社世界问题研究中心研究员）张可喜

出于国家经济安全战略和食品安全等方面的考虑，日本至今不允许在国内进行转基因作物的商业化种植。

到目前为止，除了花卉（转基因康乃馨等），日本尚未对转基因农作物，尤其是国民的主食水稻的商业化种植发放通行证，更没有在近期内实现转基因作物的“产业化”的计划。

一、日本不允许转基因农作物进入商业化种植的理由

（一）最大目的是出于经济安全战略的考虑，保护本国农业免受外国企业控制

转基因技术发源于美国，有关基本专利也完全被美国的企业和大学所垄断。

孟山都公司便是其中之一。它为了打进日本国内市场，特在日本设立了日本孟山都公司。它在“公司誓约”中说，“将通过

利用革新性科学技术及其成果，进而在各个方面考虑安全与健康，提供为客户与环境带来利益的高质量产品”，“对全世界的人们在宗教上、文化上、伦理上的担心表示理解，把确保社区、客户、消费者及环境的安全作为最优先课题”。但在实际上，它被视为是以垄断日本农业为目的的。

目前，日本的食粮自给率大约为40%，它正在努力提高这个比例。如果日本农民全部使用外国的转基因农作物种子，那么，它的粮食生产（特别是水稻种植）必将被外国企业所控制。在事关国家经济安全这一重大问题上，日本绝对不能容忍出现被外国企业所控制的事态。因此，日本采取种种手段，主要是制定法律及政令等，限制外国企业在日本推销转基因农作物种子，以及进行商业化种植。

（二）转基因技术本身尚不成熟，安全问题没有得到解决

转基因技术诞生于20世纪70年代，虽然显示了极大的优越性和光明的应用前景，但其成熟度尚未达到令人放心的地步。即使从科学技术的角度上看，转基因作物的安全性以及对生态系统的不良影响等也尚未被证实不存在问题。与其他产业技术相比，转基因技术更是把双刃剑：它既能够造福于人类，但同时也具有极大的风险性，一旦发生事故，后患无穷。

在日本，它被指出的风险性有如下几点：对人体健康的副作用；对昆虫等非目标生物的不良影响；对土壤生态系统的破坏；转基因作物抗性的发达（某种抗性发达起来，Bt作物的抗害虫效果就减低了）；与近缘野生生物的杂交以及意外转基因作物的出现等. 例如：转基因作物与一般作物的杂交和混同会产生预想不到的新生物品种，而这种新的生物又会通过风和鸟类等媒介在自然界传播；抗除草剂转基因作物被植入基因，随着花粉侵入杂草

基因，便会产生抗除草剂杂草而大量繁殖起来，从而有可能导致对生态系统的破坏，成为一种生物学侵入。

日本有专家指出，转基因技术的风险性甚于热核发电技术，因为热核反应是死物，其物理化学反应在一定程度上是可以控制的，而基因却是活物，被植入后的最终结果完全是一种偶然性，转基因生物一旦被开发出来，进入自然环境中去，还会作为生物继续繁殖，一旦发生事故就难以控制。

在日本，转基因作物的安全问题之所以没有被发现，还由于安全审查制度存在问题，这就是：对其安全性的审查是由开发者（进口商）任意进行的，并无强制性；政府有关部门只审查申请者提出的文件，而不由第三机关进行验证试验；转基因食品的摄取试验实际上是被免除的；对转基因食品的毒性试验也只进行急性毒性试验，而免除长期的、慢性的毒性试验。

（三）消费者尚难以接受转基因食品

到2008年，美国种植的大豆的92%、棉花的86%、玉米的80%都是转基因种子。日本的大豆、玉米等基本上依赖从美国的进口。因此可以说，日本人已在大量食用转基因农产品。特别是食用油、饲料、大豆油墨等，由于没有标识转基因作物的义务，因此，使用转基因大豆的比例会更大。据推算，日本国内消费，大豆的80%、油菜籽的70%、玉米的50%都是转基因品种。

尽管如此，人们对转基因食品的不放心程度仍然高于健康食品、农药、食品添加物、BSE（疯牛病）等。

最近日本一项民调结果说，学校教员有大约70%认为转基因食品不安全，80%不想吃转基因食品。教育者的这种观点无疑会对青少年产生一定影响。另一项民调结果显示：对转基因食品感到不安的市民虽然较前减少，但仍在60%以上。原因在于：首先对其科学根据表示怀疑；其次，缺乏有关其安全性的信息；再就是缺少相关知识。而国内外不断发生的转基因食品事故加剧了消费者对转基因食品及其厂家的不信任。

一些消费者团体因此开展了“不要转基因食品运动”等，以抵制转基因食品。

二、通过法制手段限制转基因作物商业化种植

鉴于上述情况，日本目前主要通过法制手段禁止在国内进行转基因作物的商业化种植。

有关转基因技术应用的最早一项法律是农林省 1989 年制定的《在农林水产领域等利用转基因体的指针》，规定了栽培转基因作物及花卉等的安全评估的基准；1991 年，厚生劳动省制定了《转基因技术应用食品和食品添加物的制造指针及应用转基因技术食品和食品添加物的安全性评估指针》；1992 年，农林省制定《利用转基因体饲料的安全性评估指针》和《利用转基因体饲料添加物的安全性评估指针》，就转基因饲料及其添加物的安全性评估做了严格规定；1993 年，使用转基因大豆制作的食品开始在日本销售；1996 年，转基因作物在日本首次被认可为食品；2001 年，日本开始实施转基因食品标识制度，厚生劳动省在法律上规定了对转基因食品进行安全审查的义务；2002 年，农林省在法律上规定了对转基因饲料及其添加物进行安全审查的义务；2003 年，食品安全委员会制定了《转基因食品的安全评估指针》。

《关于通过限制转基因生物等的使用以确保生物多样性的法律》（2003 年制定）可以说是关于转基因技术法制的集大成。它以严格和详细的规定限制转基因作物在日本国内的商业化种植。

此项法律标榜“保护生物多样性”，重视“生物多样性影响”、“生物多样性影响评估”和为此而采取“防止扩散措施”，以及为此而进行的极其繁杂的行政审批手续及严格要求使得转基因农作物的商业化种植成为不可能。

确保不影响生物的多样性，防止与同种非转基因作物的杂交与混同，以及提供相关信息的工作以前是由各家国立有关科研机构分散实施的。从2004年起，由农林省（农林水产技术会议）统一实施，它为此制定了《第一种使用规程承认转基因作物实验指针》，要求在野外进行栽培实验时必须采取“防止杂交及混入”的措施。

根据中央政府的相关法令，日本地方政府也对种植转基因作物持慎重态度，实际上是禁止商业化种植。继北海道2005年第一个制定了以防止转基因作物与非转基因作物杂交为目的的条例之后，许多地方政府也起而效法，制定类似的条例和指针，如京都府2007年的《关于防止转基因作物杂交及混入措施的指针》等，从而形成日本中央与地方政府关于转基因作物的统一政策和一致立场，使得外资企业无隙可乘。

关于有机农作物，日本农林规格第4条规定，在园地的播种和移植的种苗不得使用“转基因技术进行生产”。

三、不把转基因技术视为振兴农业的唯一手段

日本农林省2005年制定的《食粮农业农村基本计划》提出，“要积极地采用信息通信、机器人技术、纳米技术及染色体科学等尖端技术，开发能够导致大幅度提高生产率的革新性技术及赋予功能性的农作物，以增强国内农业的竞争力”。该省2010年初

制定了新的《农林水产基本研究计划》，作为“创出技术种子”的内容，在“从生理学及化学角度解析农林水产生物的生命现象”项下列出如下研究开发课题：（1）开发染色体信息的高度化及大规模信息解析技术（如解析植物的物质生产和生产机制，解析昆虫及动物的的发生分化、行动、繁殖等的控制机制，解析微生物新陈代谢功能的控制机制）；（2）为充分发挥生物机制而解析植物、昆虫、动物及微生物适应环境及生物间相互作用的机制；（3）为发挥自然循环功能而解析农林水产生态系的构造与机制；（4）应用染色体等尖端知识开发改良农林水产生物品种的技术（如应用染色体育种技术开发高效率的新品种培育系统，为了推进转基因技术的实用化而开发赋予新形质的技术）等。

由此可知，在日本，转基因技术的研发在有关农业的生命科学和生物技术中只占一部分比重，不过是培育新品种的技术之一，并没有被置于提高粮食自给率、增强农业竞争力的关键的地位上。

如上所述，在日本，对于转基因作物的安全性，包括专家与一般消费者在内，长期来一直存在着不同意见，近期内也无望形成全民共识。日本政府高度重视民意，并不急于求成，草率作出决断，强行推广转基因作物的商业化种植。这样做，一方面是在等待科学技术专家作出进一步努力，以证实转基因作物安全性；另一方面则是期待通过积极的科普活动，提供更多信息，以利让消费者加深认识，最终接受转基因食品。这虽然有可能“耽误”发展转基因作物的时日，甚至消耗不小的人力、财力，但有可能取得比较理想的结局。

作为重要的科普活动之一，农林省规定科研机构和企业必须按照相关法规（《展示栽培的栽培实验计划书》），就转基因作物进行“展示实验”，并记录和公布它的全过程。如该省农业生物资源研究所2013年的《抗除草剂大豆和抗虫害及抗除草剂玉米的展示栽培》计划是，4月至9月之间，在其温室及苗圃里对孟山都公司的抗除草剂转基因大豆（40－3－2系派生种子AG3701）与瑞士Syngenta公司的抗虫及抗除草剂玉米（BT11系派生种子GSS0966）进行展示栽培试验，目的是确认其抗杂草及抗虫害的效果，这些栽培试验还要向参观者开放，以求得国民的理解。

日本孟山都公司等外资企业的多种转基因作物虽然通过了日本关于环境影响评估的审查，被认可为安全的食品和饲料，但直到目前，它们仍然不得不根据日本法规，在本公司的研究农场里进行“栽培试验”，以展示其抗除草剂和抗病虫害等优越性，帮助日本消费者增进对其转基因作物的理解。

应用纳米土壥材料，发展绿色农业

（成都正光集团）薛合伦

一、前言

20 世纪 50—60 年代的农业产业革命使世界粮食产量翻番，人类很大一部分摆脱了饥荒。在粮食大幅度增产的诸多因素中，化肥的贡献占了 40%—60%。但是，化肥过量使用导致的环境问题、食品安全问题和能源消耗问题已日益突出。既要减少化肥的用量，又要带来粮食较大幅度的增产，这是农业生产领域面临的重大挑战。以袁隆平院士为代表的中国科学家，在水稻等良种技术的研究中，已经对世界作出了重大的贡献。在新型材料科学方面，纳米材料和纳米技术作为一种新兴科技已成功应用于许多领域，在农作物生产中的应用，同样取得了重要的进展。

师昌绪院士指出，纳米技术与生物技术相结合，在粮食安全、环境安全、能源安全方面，具有突出的重要意义。

二、农用纳米技术研究的现状

2003年9月，美国发布农业发展路线图，预言纳米技术将使整个农业生产方式发生革命性变化。俄罗斯、日本、加拿大、德国等也进行了大量的研究，然而真正运用纳米技术来研制肥料的则较少。

我国纳米肥料的研究和开发，时间上与世界纳米肥料的研究同步，近几年出现了蓬勃发展的趋势。本课题以成都正光公司生产的纳米土墒材料（正光有机肥）为主要研究对象，探索纳米材料及技术对农作物生产的影响。

三、纳米土墒材料的开发研究及作用机理

纳米土墒材料，以蒙脱土等层状硅酸盐土质材料为基础。

通过纳米插层等技术的处理，使其层间距扩大，从而形成许多孔洞，进一步提高它的吸水、固肥、水肥缓释、改善土壤团粒结构等性能。同时，其纳米尺度的空间，也为合成纳米级的微量元素提供了模板。这种材料来源广泛，绿色无污染。利用这些高效、低成本、环境友好的缓释材料，还降低了化肥的使用量，减少化肥流失带来的环境污染，大幅度提高肥料的利用率，使之在粮食增产的前提下，改善农作物品质，最大限度保护农耕地生态结构，达到节能减排、发展绿色农业的目的。

四、纳米技术在农作物生产中的应用试验调查

纳米土壤材料曾在沙化、退化土地中开展了长达十年时间的大面积、跨区域、多气候条件、多土壤类型和多品种施用的野外试验示范，在我国荒漠化治理中试验和应用，并取得突出成效。

2008 年以来，我国多个省区使用纳米土壤材料进行了包括粮食、油料、经济、生物质能源原料、水果、蔬菜 6 大类近 30 种作物、60 余个品种，超过 10 万亩面积的种植试验示范。实践证明，使用纳米土壤材料，能在减少化肥用量 20%—40% 的情况下，使大多数植物亩增产 10% 以上。

（一）纳米土壤材料在水稻种植中的试验实例

1. 云南农科院水稻的种植试验

云南省农科院于 2009—2011 年，使用纳米土壤材料种植水稻。

实验报告表明：使用纳米土壤材料使云南高海拔地区水稻生育期提前，能有效解决该产区的水稻生产实际问题。与使用水稻专用肥的对比试验中，在经济投入基本相同的条件下，增产 21.55%。

2. 辽宁水稻种植的试验示范

2010 年在辽宁省多个地区，采用纳米土壤材料选点 30 处，试验示范种植水稻约 200 亩。辽宁土肥总站的考察报告显示，在 2010 年遭受严重水灾的情况下，使用纳米土壤材料可增产 0.6%—27.5%。在辽宁省灯塔市，在使用量和经济成本与施用化肥都基本相同的条件下，纳米土壤材料使水稻增产 15.4%。

2011年，继续进行了千亩的水稻种植示范，随机考察三个点的考察报告显示增产1.9%—22%，且水稻出米率增加0.7%—2.3%。

3. 海南省土肥总站2013年实验表明，施用正光肥较常规施肥增产21.17%

（二）纳米土壤材料在花生种植中的示范

1. 河南南阳种植花生的试验示范

2010年，河南南阳，在每亩投资相等的情况下，使用纳米土壤材料，春播花生亩增产大于30%，亩增效益600元；夏播花生亩增产大于35%，亩增效益500元。

2. 2012年，四川富顺万亩花生使用正光纳米土壤材料，平均增产60%以上。

（三）纳米土壤材料在蓖麻种植中的示范

蓖麻是世界十大油料作物之一，是重要的生物质能源作物。

1. 内蒙古通辽植种蓖麻的试验示范

2008年6月，内蒙古科左中旗林业局使用纳米土壤材料种植蓖麻，蓖麻增产40%以上。

2. 云南农科院的试验示范

云南农科院连续四年使用纳米土壤材料种植蓖麻。实验报告显示，使用纳米土壤材料，可以使当年生蓖麻品种增产60.40%—89.28%。2010—2011年，云南遭遇百年不遇的大旱，在海拔1800米的宜良县石漠化严重的山区，蓖麻示范地周围农民种的玉米颗粒无收，但用纳米土壤材料种植的蓖麻获得丰收，单季亩产达到200公斤（云南一般是两季），产值达1400元。

（四）在中低产田上的实践证明

纳米土墒材料对贫瘠退化土地的改良及作物生产，具有更为明显的效果。

五、相关建议

我国现行的有机肥料标准，不太适应纳米土墒材料，办理新型肥料证的时间又太长，建议简化办理手续或将现行有机肥料中有机质含量规定为 >20%。在有毒有害物质检验标准不变的情况下，让市场和实践说话。

建议国家有关部门对纳米土墒材料的生产建设和推广应用给予支持。

图书在版编目（CIP）数据

中国粮食安全：第十二届中国国家安全论坛文集/巴忠倓，糜振玉主编．—北京：时事出版社，2015.6
ISBN 978-7-80232-840-2

Ⅰ.①中…　Ⅱ.①巴…②糜…　Ⅲ.①粮食问题—中国—文集　Ⅳ.①F326.11－53

中国版本图书馆CIP数据核字（2015）第068711号

出版发行：时事出版社
地　　址：北京市海淀区万寿寺甲2号
邮　　编：100081
发行热线：（010）88547590　88547591
读者服务部：（010）88547595
传　　真：（010）88547592
电子邮箱：shishichubanshe@sina.com
网　　址：www.shishishe.com
印　　刷：北京市昌平百善印刷厂

开本：787×1092　1/16　印张：16.75　字数：200千字
2015年6月第1版　2015年6月第1次印刷
定价：68.00元
（如有印装质量问题，请与本社发行部联系调换）